本书出版得到国家“双一流”建设学科和北京市支持“双一流”高校建设项目资助

国民经济评论

REVIEW OF NATIONAL ECONOMY

总第八辑（2020 年第 2 期）

中国财经出版传媒集团

图书在版编目（CIP）数据

国民经济评论．总第八辑：2020 年第 2 期/刘瑞，林木西，赵丽芬主编．—北京：经济科学出版社，2021.6
ISBN 978 -7 -5218 -2636 -4

Ⅰ.①国… Ⅱ.①刘…②林…③赵… Ⅲ.①中国经济 - 国民经济发展 - 文集 Ⅳ.①F124 -53

中国版本图书馆 CIP 数据核字（2021）第 121272 号

责任编辑：宋 涛
责任校对：刘 娅
责任印制：范 艳 张佳裕

国民经济评论
总第八辑（2020 年第 2 期）
经济科学出版社出版、发行 新华书店经销
社址：北京市海淀区阜成路甲 28 号 邮编：100142
总编部电话：010 -88191217 发行部电话：010 -88191522
网址：www.esp.com.cn
电子邮箱：esp@esp.com.cn
天猫网店：经济科学出版社旗舰店
网址：http：//jjkxcbs.tmall.com
北京季蜂印刷有限公司印装
787×1092 16 开 9 印张 180000 字
2021 年 7 月第 1 版 2021 年 7 月第 1 次印刷
ISBN 978 -7 -5218 -2636 -4 定价：36.00 元
（图书出现印装问题，本社负责调换。电话：010 -88191510）

目　　录

〔国民经济“双循环”〕

国内国际双循环相互促进新发展格局与综合平衡*

郭　振　许　林

摘　要：以习近平同志为核心的党中央提出的要推动形成以国内大循环为主体，国内国际双循环相互促进的新发展格局。这是作为第二大经济体的中国审时度势，对后疫情时代的中长期经济格局的再定位，因时应势达成第二个百年奋斗目标的改革发展路线图，事关我国现代化建设全局。综合平衡思想是中国共产党领导经济工作的宝贵财富，在新时代综合平衡思想也随着中国特色社会主义伟大实践的深入推进而持续发展。在国内国际双循环相互促进的新发展格局下，综合平衡思想的发展表现在五个方面：以国内大循环为主体，畅通国民经济循环实现高质量发展。畅通国际经济循环就是实现综合平衡的过程，分析了“大进大出”的出口导向型经济模式的弊端，提出了畅通国内大循环的对策思路。实现国内国际双循环相互促进，首先要保障国内市场实现供需平衡，然后再发挥自身产业竞争优势，全面提高对外开放水平，积极参与国际市场竞争，实现互利共赢。

关键词：国内国际双循环　新发展格局　综合平衡

一、新发展格局与综合平衡

以习近平同志为核心的党中央提出的形成以国内大循环为主体，国内国际双循环相互促进的新发展格局，是作为第二大经济体的中国审时度势，对后疫情时代的中长期经济格局的再定位，因时应势达成第二个百年奋斗目标的改革发展路线图，事关我国现代化建设全局。“新发展格局”蕴含着习近平同志对形势发展变化的科学洞察和全面把握，体现了马克思主义的科学认识论和方法论。新冠肺炎疫情对经济影响的深度、广度前所未有，整个人类

* 作者简介：郭振（1956～），黑龙江哈尔滨人，哈尔滨商业大学经济学院教授，博士生导师，电子邮箱：guozhenhrb@163. com；许林，哈尔滨商业大学经济学院硕士。

社会都在应对，进行着长期防控的准备，一些西方国家已经做出了相应的战略调整，打造与新冠病毒长期共存的经济社会秩序。中国的新冠肺炎疫情防控取得了初步胜利，经济复苏速度也走在了世界前列，但是面对远未结束的疫情和由此带来的一系列问题，诸如防范疫情输入、国际产业链供应链中断风险、国际金融市场动荡、国际交往受限、全球经济衰退等，都要做好打持久战的准备，再加上中美经贸摩擦及"脱钩"和全球化逆流等因素，应对中长期风险挑战的任务更显艰巨。对此以习近平同志为核心的党中央统筹发展与安全，充分把握外部环境的"度"与国内经济基本盘保持稳定的"不变"，提出了新发展格局的战略蓝图，为"十四五"发展规划编制与实现提供了指导思想与目标任务。

综合平衡不仅仅是方针方法的问题，它有其思想来源和理论依据，有实践要求和客观标准，它呈现的规律有其矛盾的特殊性质和特殊形式。综合平衡思想是中国共产党领导经济工作的宝贵财富。在20世纪50年代，毛泽东同志提出了十大关系论，自新中国成立以来，陈云同志主持中央经济工作，提出了综合平衡的理论，形成了理论性和实践性并重的国民经济综合平衡方法论。经历了新中国成立后国民经济的恢复，从"一五"开始的大规模经济建设，"大跃进"和"文革"造成的经济挫折，结束"文革"后确立和实施正确路线，进入中国特色社会主义时期，我们依然要继承与发展综合平衡的思想与方法论。在新时代建设中国特色社会主义征程中，发展的不平衡不充分是永远存在的，但当发展到一定阶段后，不平衡不充分为社会主义现代化建设中矛盾的主要方面时，就必须运用综合平衡思想，下工夫去认识它，解决它，不断适应中国特色社会主义发展的新要求，接力探索，持续奋斗，让社会主义在中国展现出更强大的生命力。

对于"综合平衡"有两种不同的理解，一是作为主体对经济个体的能动行为，"去进行综合平衡工作"，这是一种管理活动；二是作为经济个体自身发展规律，是指经济机体自身平衡时的"综合性要求"。两种理解应该结合起来，只有既把它看成是国民经济自身运动的要求，又在此基础上分析我们在管理国民经济中对策的适应性，这才是全面的，符合客观实际的。所以，我们把综合平衡作为一种规律，而不是仅仅作为方针和方法来研究，只有先研究经济客体趋向平衡的规律，再研究适应这种客观要求而能动管理国民经济的规律。经过反复探索和归纳总结，综合平衡论形成了统筹兼顾、瞻前顾后、全国一盘棋、重点与一般相结合、留有余地、短线平衡优先、积极平衡为主体等基本思想；在政策上确立了在财政收支、银行信贷收支、综合物资供求和外汇收支等单向平衡和局部平衡的基础上，建立起整体性、综合性、全局性平衡。在社会主义市场经济条件下，在全面深化改革中提出了很多新问题，不是要求放弃综合平衡，而是要求综合平衡在理论研究上更加深入，在实践中有方法的更新。中国特色社会主义进入了新时代，新时代孕育新思想，新思想指导新实践，解放思想，实事求是，与时俱进，是马克思主义活的灵魂，也是习近平中国特色社会主义思想活的灵魂。在新时代综合平衡思想也随着中国特色社会主义伟大实践的深入推进而持续发展、不断丰富更加完善。

在国内国际双循环相互促进的新发展格局下，综合平衡思想的发展表现在：一是要以人民为中心，这是综合平衡思想应该持续坚持的根本立场。习近平同志指出“人民对于美好生活的向往，就是我们的奋斗目标”。进入新时代，人民对于美好生活的向往更加强烈，因此国民经济综合平衡应始终把人民的利益摆在至高无上的地位，要充分调动人民的积极性，这也是中国共产党立于不败之地的强大根基。要善于从人民群众实践创造和发展要求中完善发展规划与政策主张，善于从人民群众中寻求解决问题的方案和方法，使做出的决策和决策的执行充分体现民心民意。二是明确新时代社会主要矛盾的变化和面临的根本任务。国民经济综合平衡要明确我国社会主义矛盾变化，人类社会是在矛盾运动中不断向前发展的，抓住主要矛盾带动全局工作，是唯物辩证法的要求，也是综合平衡应该遵循的方法。习近平同志指出：“中国特色社会主义进入新时代，我国社会主要矛盾已经转化为人民日益增长的美好生活需要和不平衡不充分的发展之间的矛盾。”这一重大论断反映了我国社会发展的客观实际，指明了解决当代中国发展问题的根本着力点，也是国民经济综合平衡面临的根本任务。做好综合平衡工作，就是要在继续推动发展基础上，着力解决好发展不平衡不充分问题，大力提升发展的质量和效益，更好地满足人民在经济、政治、文化、社会、生态等方面日益增长的需要，更好地推动人的全面发展，社会全面进步。三是要增强全局观念，遵循总体布局和战略布局的指导方针。面对新时代的新要求，坚持稳中求进工作总基调，遵循统筹推进“五位一体”总体布局，协调推进“四个全面”战略布局。四是国民经济综合平衡必须具有全球视野，推动全面开放，积极应对逆全球化和保护主义带来的不对称全球化，统筹国内国际两个大局，更好地利用国际和国内两种资源和两个市场，推动建设开放型世界经济，为我国经济实现高质量发展营造更好的内外部环境。当今世界开放融通的潮流滚滚向前，经济全球化的历史大势不可逆转。推动全面开放，提升产业基础高级化、产业链现代化水平，培育我国国际合作和竞争新优势。五是国际经济综合平衡要坚持全面深化改革，以新理念引领经济高质量发展。坚持全面深化改革是综合平衡思想发展的根本动力。正确处理改革、发展和稳定三者之间的关系，改革是发展动力，国民综合平衡必须坚定不移贯彻创新、协调、绿色、开放、共享的新发展理念，高质量发展是体现新发展理念的发展，创新成为第一动力，协调成为内生特点，绿色成为普遍形态，开放成为必由之路，共享成为发展的根本目的。

二、国内大循环为主体与综合平衡

新发展格局提出以国内大循环为主体，是以畅通国民经济循环实现高质量发展，畅通国民经济循环就是实现综合平衡的过程。改革开放以来，我国从封闭的计划经济模式通过改革开放积极参与国际大循环，实施了出口导向战略，成为进出口贸易第一大国。但是我国在资源禀赋方面只是在低成本劳动力、庞大的消费市场、政府政策支持下良好营商环境方面具有相对优势。直到“入世”后，高素质人力资本、大学科研机构、完善的产业配套体系、高水平管理、丰富的数据与信息技术广泛应用等“高级生产要素”与发达国家开始缩小了差距。从产业能力来看，我国出口导向型发展模式主要是低成本价格，特定产品的生产，具有一定规模优势，但与创新紧密联系的质量、性能、品牌、市场响应等方面仍缺乏优势。产业竞争的优势领域不是固定不变的，而是随着经济发展、内外环境的变化而不断演变。如果后发达国家只能亦步亦趋地跟在发达国家后面，被锁定在全球价值链低端，不能发展起基于高级生产要素和高级产业能力的竞争优势，就可能会掉入“低水平陷阱”或“中等收入陷阱”。根据世界银行数据，2004年我国制造业增加值为6252.2亿美元，占世界制造业增加值的8.6%，仅相当于美国的18.3%。到2010年我国制造业增加值达到19243.2亿美元，占世界制造业增加值的18.3%，超过美国成为世界第一。2017年我国制造业增加值相当于美国的1.6倍，占世界制造业增加值的27.1%。改革开放前30年，我国制造业竞争优势完成了从价格优势向规模优势的第一次转换，当前正处在从规模优势向创新优势转换的关键时期。近几年，在一些国家掀起的逆全球化潮流下，保护主义、单边主义盛行，加之新冠肺炎疫情蔓延，严重影响了我国制造业深度参与国际分工，并且也面临发展中国家和发达国家的“两端挤压”。我国劳动密集型出口已面临发展中国家低成本优势的严峻挑战，我国制造业向全球价值中高端的升级面临来自发达国家日益加剧的竞争与发达国家政府的阻击。“大进大出”的出口导向型经济模式已经不适应国内外经济发展环境。推动形成以国内大循环为主体的发展格局有利于扎实做好“六稳”工作，落实“六保”任务，巩固经济发展稳定转好的态势，实现化危为机，行稳致远。我国有全球最大的人口规模和消费市场，有巨大市场潜力和广阔的经济成长空间，集中精力办好自己的事，畅通国内大循环，维护经济发展自主权，以国内经济平稳健康发展的确定性应对目前国际环境变化的不确定性，进而在充分发挥国内市场优势基础上，全面提高对外开放水平，继续推动与各国的分工与合作，实现互利共赢，实现国内市场与国际市场更好联通。

扩大内需是畅通国内大循环的基本动力。反思“大进大出”带来的负面影响，“大进大出”不仅没有解决沿海与内地之间发展不平衡问题，反而导致了资金、劳动力、资源被虹吸到沿海出口导向型产业，造成了畸形的外向型与内需不足的“二元经济”。也成为内需长期无法启动以及民族企业投资机会被外资挤占并引发经济泡沫的主要原因。“大进大出”不仅没有缓解农业与工业之间的循环关系，反而造成工业低端产品过剩和高端技术仍被跨国公司所垄断的局面，并成为城市化发展滞后，乡村振兴迟缓的主要根源（贾根良，2020）。从出口导向型经济向内需主导型经济转变中，必须依靠国内消费需求的增长，改善收入分配，推动国内经济一体化，消除地方保护主义等，促进国民经济各部门之间互补性生产需求的良性循环，这是扩大内需的重要举措。扩大内需的关键是人们的收入水平，收入水平决定内需市场大小，其关键因素是提高劳动生产率，而资本设备的投资是提高生产率的基础。独立自主的发达的资本品工业是国民财富增长的决定性因素。纳克斯曾提出欠发达国家经济发展的决定性因素是资本形成，这实际上是指独立自主和先进的资本品工业部门具有关键性作用。通过建立本国资本品工业体系使其与国内的消费品生产之间建立起互为市场并循环累积关系，这是国民经济综合平衡的任务。2010 年以来采取的扩大进口战略，首先扩大的是先进技术设备进口，而且并无通过进口替代实现引进、吸收、再创新的考虑，使得我国长期以来存在的引进—落后—再引进—再落后的困局被进一步强化。我国的“以市场换技术”的引进外资政策成效也不明显，过度依赖外商投资会抑制自主创新。面临发达国家在华跨国公司的强大压力，我国政府放弃了自主创新产品政府采购自主权，中资企业就不能得到政府采购的支持，也使得发达国家跨国公司在我国技术垄断地位得到进一步巩固和加强。因此，提升我国独立自主的资本品工业竞争优势是发展方向。包括：一是从生产要素看，利用并发展人力资本、产业生态、数据等高级生产要素，发挥科学家、工程师、技术工人、企业家、经理人等构成的人口质量红利，保持自身产业链的完整性并推动高科技产业和战略性新兴产业建立起完善的产业生态（能力、潜力、基础设施、发展环境），能够通过数字化智能化转型以深度挖掘数据价值。二是从产业能力看，继续强化性能、质量、品牌、个性化定制等新的产业能力，加快实现从规模优势向创新优势的转变。我国资本品工业形成竞争新优势的支撑条件包括：（1）完善的产业配套能力有利于将产品生产成本保持在一个较低水平，但有赖于消除市场分割与推动国内经济一体化。（2）较低的综合要素成本。（3）正在形成的“工程师红利”为研发设计、产品工程化、规模化生产体系的优化、增值服务的开发与提供等技术含量更高附加值更大的先进制造环节提供了良好的人力资源基础。（4）在举国体制下不断增强的创新能力是资本品工业竞争优势的核心。（5）经济超大规模性，能够为资本品工业向中高端攀升和支撑高新技术发展提供巨大的国内市场支撑。（6）发达的数字经济使资本品工业在智能化转型中占有先机，实现产业价值链全流程创新能力提高，使工业生产更柔性，更高效，更好地适应定制化、服务化的发展趋势。总之，通过创新驱动，提升我国独立自主资本品工业竞争优势是畅通国内大循环的关键。

消费是畅通国内大循环的重要引擎。人们对教育、医疗、健康（含养老）文化的消费需求日益增长，居住消费、出行消费等也有很大的发展空间，需要切实采取措施，加快释放新兴消费潜力，努力提高消费品质量和服务水平，培育新的消费增长点。提升消费在 GDP 中的比重，刺激国内消费需求和改善收入分配是相关联的，劳动者工资增长与企业生产率（含盈利水平）的提高之间也具有高度的正相关关系。地方保护主义所导致的国内市场分割，在很大程度上仍然阻碍着高度一体化的国内市场的发展，地方保护主义甚至沦为外商垄断我国市场的有力工具。地方政府过度竞争是产能过剩的重要成因，各地纷纷引进外资，产业雷同情况严重，导致了低价竞销、多头对外、肥水外流的局面，同时，收费公路关卡众多也造成物流成本大幅提高。解决我国中低端消费品出口的产能过剩，可通过深化供给侧结构性改革，将其占用资源转向为国内生产高质量产品与广大农村市场之间形成有效的供需对接。通过乡村振兴战略、各产业核心技术创新、新基建和绿色发展新政策，与用于出口的廉价工业品之间建立互为市场的良性循环，并取消对发达国家出口消费品的出口退税。这部分资金可转化为农民工工资增长的来源，这些措施都可以提高个人收入分配比重，提高 8 亿农民的消费水平。我国目前的巨大消费潜力在广大的农村市场，在那些近几年刚脱贫，尚未真正过上宽裕的小康生活的人群。

三、国内国际双循环相互促进与综合平衡

中国的发展离不开世界，世界的发展离不开中国。反思我国这些年出口导向型经济模式，很多产业缺乏核心技术和普遍存在的高端失守、低端过剩，正是在与发达国家不对称的全球化下信奉比较优势和自由贸易，放弃自主创新等政策导致的，也使我国在进口高附加值的高端产品和出口低附加值的低端产品上越陷越深，这样是不可能从根本上摆脱“中等收入陷阱”的。中国作为贸易大国，具有 14 亿人口的国内大市场，必须积极参与全球经济治理，并掌握贸易规则制定的话语权，使经济全球化真正惠及广大发展中国家的人民，通过建立国际经济新秩序，使全球化深入推进，各国相互协作，优势互补，形成你中有我，我中有你的全球产业链和供应链。推动国内国际双循环相互促进，需要进一步扩大开放，提升产业竞争优势，实现产业基础高级化，产业链高端化，培育我国国际合作和竞争新优势。国民经济综合平衡是要解决在新时代建设中国特色社会主义的征程中出现的发展不充分的矛盾，更好地满足中国人民在经济、政治、文化、社会、生态等方面日益增长的需要，因此，我们首先要保证国内市场的供需平衡，然后再发挥自身产业

竞争优势去参加国际市场竞争实现互利共赢。目前我国已具有竞争优势的产业链有 5G 网络、高铁、电力、冶金、建材、机械制造等，需要进一步强化国际领先地位。针对其中的“堵点”“断点”，通过组织产业联盟，通过举国体制和发挥制度优势，集中力量协同攻关，力求尽快突破，形成较大优势的国际竞争力。尚未形成竞争优势的高技术产业链，如人工智能、云计算、工业互联网、物联网、航空航天、高端先进制造等，需要抓紧布局，以举国之力，加大研发投入力度，形成自主创新能力，利用国内市场优势和政府政策，支持加快技术开发，形成市场优势。特别对引发新一轮科技革命的技术要加大基础研究投入，力求有所突破，努力抢占制高点。我们必须牢记，核心技术是永远买不来的，只有靠自主创新。我国与发达国家之间的博弈是核心技术的掌控和创新能力的高低比拼。改革开放前 30 年，我国的出口导向型经济模式是靠廉价的低成本劳动力和环境的污染为代价的，我们也交了“学费”，认识到“市场换不来技术”，只有靠创新驱动才能实现高质量发展。

实现国内国际双循环相互促进、相得益彰，从综合平衡角度需要正确把握和处理以下几个关系：一是内需与外需的关系。在国内大循环中，内需相对稳定可控，外需在全球经济低迷的形态下面临的不确定因素较多。2020 年以来，新冠肺炎疫情加速了全球经济衰退，外需面临更大的不确定性，以国内大循环为主体，以适应需求结构的变化。要增强机遇意识和危机意识，准确识变，科学应变，主动求变。在瞬息万变的国际市场中使国内自身产业链、供应链与具有快速反应的生产能力能够满足国际市场应急需求，以实现在危机中遇新机与变局中开新局。通过扩大内需弥补外需不足，同时引导产需结构的调整，以保持在单项平衡和局部平衡基础上建立起整体性、综合性、全局性平衡，以利于保持经济平稳运行。二是进口与出口的关系。进口与出口的协调发展是优化贸易结构，实现国民经济综合平衡的重要内容。近年来，我国对外贸易从出口导向型转向以内需主导型的进出口的平衡。在稳定出口的同时，主动扩大进口，利用好我国外汇储备充足的优势，适度扩大能源等战略物资进口，增加广大人民群众需求比较集中的产品的进口，包括在守住 18 亿亩耕地红线原则下保持优质食品进口，适度的高档消费品的进口。加大引进海外高层次人才的力度，比起重复引进先进技术设备和关键部件更有现实意义。核心技术不掌握在自己手里，难以保障国家产业安全，通过人才移民，有助于建设高端科技创新人才队伍。面向全球引进首席科学家等高层次创新人才，实现精准引进。鼓励企业对海外人才引进，优化人才全流程服务体系，探索制定分层分类人才吸引政策，试点开展外籍人才配额管理制度，优化外国人来华工作居住许可审批流程。三是处理好产业转移与产业升级的关系。经济全球化的浪潮是不可逆的，单边主义和贸易保护是不得人心的，国内与国际双循环相互促进，是因为两者间包含着深度耦合的供应链、产业链、价值链和创新链，各有侧重，缺一不可。全面提高对外开放水平，积极促进国际经济和贸易规则不断完善，加快打造市场化、法治化、国际化营商环境，以规模更大、种类更多的双向资本流动聚集国内国际要素和资源，稳定我国产业链、供应链，把具有竞争优势的劳动密集型和资源密集型产业逐步向外转移。牢牢抓住新一代信息技术革命的契机和全球经济数字化转型升级的窗口期，从硬件和软件两个方面完善基础设施，加快技术密集型和知识密集型产业发展、现代服务业不断壮大，这是我国实现产业结构升级和经济高质量发展的内在要求。

参考文献

[1] 中共中央宣传部：《习近平新时代中国特色社会主义思想学习纲要》，学习出版社、人民出版社 2019 年版。

[2] 刘瑞：《中国国民经济学形成、演化及流派》，载《中国社会科学评价》2020 年第 2 期。

[3] 贾根良：《国内大循环：经济发展新战略与政策选择》，中国人民大学出版社 2020 年版。

[4] 于光中、方星主编：《综合平衡论》黑龙江人民出版社 1986 年版。

[5] 中国社科院工经所课题组：《“十四五”时期中国工业发展战略研究》，载《中国工业经济》2020 年第 2 期。

[6] 郑新立：《把握好构建新发展格局的重要抓手》，载《人民日报》2020 年 10 月 14 日。

Domestic and international dual cycles promote each other's new development pattern and comprehensive balance

Guo Zhen Xu Lin

Abstract: The Party Central Committee with Comrade Xi Jinping at the core proposed to promote the formation of a new development pattern in which the domestic cycle is the main body and the domestic and international double cycles promote each other. This is a reform and development roadmap for China, as the second largest economy, to assess the situation, reposition the mid-and long-term economic structure in the post-epidemic era, and meet the situation to achieve the second century of struggle. The thought of comprehensive balance is a valuable asset of the CPC's leadership in economic work. In the new era, the thought of comprehensive balance will continue to develop along with the deepening of the great practice of socialism with Chinese characteristics. Under the new development pattern where the domestic and international double cycles promote each other, the development of the comprehensive balance idea is manifested in five aspects: Taking the domestic cycle as the main body is to achieve high-quality development by smoothing the national economic cycle. Smoothing the international economic cycle is the process of achieving a comprehensive balance. It analyzes the shortcomings of the export-oriented economic model of "big imports and large exports", and proposes countermeasures for smoothing the domestic big cycle. How to achieve the mutual promotion of the domestic and international dual cycles, first of all, we must ensure that the domestic market achieves a balance of supply and demand, and then give full play to our own industrial competitive advantages, comprehensively improve the level of opening up, actively participate in international market competition, and achieve mutual benefit and win-win results.

Keywords: domestic and international dual cycle; new development pattern; comprehensive balance

“双循环”新格局与深化供给侧结构性改革*

赵 哲 江千文 陈 宏

摘 要：经济的逆全球化、新冠肺炎疫情的全球蔓延对中国乃至世界层面的贸易发展带来了巨大的挑战，面对前途未知的国际形势以及国内人民日益增长的美好生活需要，2020年5月14日政治局常委会指出“要深化供给侧结构性改革，充分发挥中国超大规模市场优势和内需潜力，构建国内国际双循环相互促进的新发展格局”。① 由于供给端呈现的问题是目前中国经济发展过程中存在的主要问题，从供给侧出发能够有效地释放和创造需求。因此本文一方面通过梳理中国历年有关内需的政策来分析“双循环”新格局理念的发展历程；另一方面通过剖析内需构成对近年来中国内需情况展开分析，最后从供给侧角度出发，提出要扩大居民可支配收入、改善房地产供给、推进产业结构优化与体系的完善，从而深化供给侧结构性改革实现经济双循环发展的新格局。

关键词：“双循环”新格局 扩大内需 供给侧结构性改革 对策

一、引 言

2020年不仅是中国全员抗疫的一年，更是全民奔小康的一年。然而面对前途未知的国际形势以及国内人民日益增长的美好生活需要，中国如何做到“六稳、六保”，2020年5月14日政治局常委会指出“要深化供给侧结构性改革，充分发挥中国超大规模市场优势和内需潜力，构建国内国际双循环相互促进的新发展格局”②。即以服务国内需求为主，从供给侧角度出发，充分挖掘和提升国内需求，深化供给侧结构性改革，并在满足内需的基础上进而满足国际需求，从而更好地联通与利用国内国际双市场。

根据世界贸易组织（World Trade Organization，WTO）2020年发布的《World Trade Statistical Review 2020》，2019年世界货物贸易量下降了0.1%，

---

* 作者简介：赵哲（1994～），河南漯河人，硕士研究生，研究方向：国民经济运行与调控；江千文（1997～），安徽池州人，硕士研究生，研究方向：投资经济；陈宏（1962～），河南焦作人，教授，硕士研究生导师，经济学博士，研究方向：国际直接投资，电子邮箱：chenhongephd@suibe.edu.cn。

①② 央视网：《构建国内国际双循环相互促进的新发展格局》，http：//news.cctv.com/2020/05/16/ARTICqHiAsmh6Ghbg7OpXIak200516.shtml，2020－05－16。

世界货物贸易额下降了 3%，且一直备受关注的世界服务贸易也仅增长了 2.1%，同比下降了 6.3%①。逆全球化趋势在国际间持续扩大，国际货物贸易持续低迷，2020 年全球疫情的蔓延使得国际贸易发展雪上加霜，国际货币基金组织（International Monetary Fund，IMF）于 6 月预测 2020 年全球经济增长率为 -4.9%，比 4 月的预测再低 1.9 个百分点②。

经济的逆全球化、新冠肺炎疫情的全球蔓延对于世界贸易发展俨然是一个巨大的挑战，对于中国而言，同样如此。随着中美贸易逆差的扩大，中美贸易摩擦愈加频繁，并且特朗普担任美国总统期间，不断使用加征关税等手段向中国施压，对中美间贸易造成严重的损害。根据中国商务部 2020 年 8 月 4 日发布的《中国对外贸易形势报告》，2019 年中国前四大贸易伙伴中，中国对欧盟、东盟、日本的进出口总额分别同比增长 8%、14.1%、0.4%，而对美国的进出口总额同比下降了 10.7%③。随之而来的 2020 年似乎让中美贸易获得喘息的机会，但全球疫情的蔓延使得国际形势变得更加复杂，国际贸易需求严重萎缩。

由图 1 可知，中国进出口数据同比增速在 2020 年 1～5 月均有负值，2020 年 6 月各项数据第一次均出现正值，中国作为新冠肺炎病毒的发现地，通过严防严控、全员抗疫，控制了病毒在国内的发展，成为全球最早恢复生产的国家。中国历经 6 个月的时间才使得外贸数据拥有较为良好的表现，出口增速连续增长，但数据大部分的增幅要归功于防疫物资。如表 1 所示，在

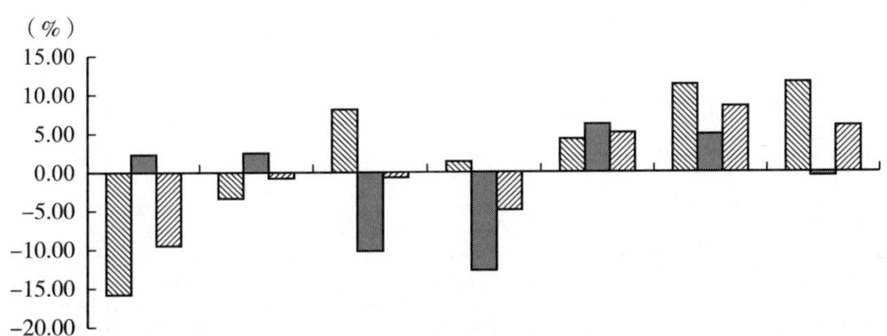

图 1　中国 2020 年 1～8 月对外贸易增长速度

① WTO. World Trade Statistical Review 2020. https：//www.wto.org/english/res_e/statis_e/wts2020_e/wts2020_e.pdf. 2020-08-01。

② 《国际货币基金组织：世界经济展望》，https：//www.imf.org/zh/Publications/WEO/Issues/2020/06/24/WEOUpdateJune2020，2020-06。

③ 中国商务部综合司：《中国对外贸易形势报告》，http：//opendata.mofcom.gov.cn/front/data/detail? id=DEAC67FDEA9161C0AB80FBC0BC54D048，2020-08-04。

2020年1~8月中国出口商品中，防疫物资金额的同比增速明显高于其他商品分类。此外，2020年10月6日世界贸易组织发布的《全球贸易数据与展望》也指出，2020年上半年，中国进出口贸易为全球贸易做出了积极的贡献，这一时期，全球个人防护装备出口增长了49%，预计贸易额将达到980亿美元，而中国就贡献了其中的43.8%①。然而在其他商品的出口方面，情况并不乐观。

表1　　2020年1~8月出口主要商品量值表（人民币值）

商品名称	计量单位	数量	增速（%）	金额（万元）	增速（%）
成品油	万吨	4125	-2.0	12737616	-22.5
塑料制品	—	—	—	35653099	14.5
纺织纱线、织物及其制品	—	—	—	73754895	37.8
服装及衣着附件	—	—	—	58133060	-10.2
鞋靴	万双	460531	-28.9	15239845	-25.2
钢材	万吨	3656	-18.6	20864161	-17.7
家具及其零件	—	—	—	23439384	1.6
通用机械设备	—	—	—	18550665	6.2
自动数据处理设备及其零部件	—	—	—	90148067	8.4
手机	万台	57895	-2.1	48872867	8.9
家用电器	万台	204954	4.9	27931701	14.1
音视频设备及其零件	—	—	—	22441482	-0.7
集成电路	亿个	1596	16.5	50218799	14.7
汽车零配件	—	—	—	23605932	-13.8
灯具、照明装置及其零件	—	—	—	15101757	5.4
稀土及其制品	吨	51096	-17.2	960541	-7.9
医药材及药品	吨	878518	8.3	10257216	23.1
肥料	万吨	1708	-5.8	2713733	-20.0
箱包及类似容器	万吨	128	-37.6	8874411	-26.0
陶瓷产品	万吨	1075	-23.3	10058706	-4.8
未锻轧铝及铝材	吨	3134721	-20.3	5852041	-17.8
玩具	—	—	—	12712686	-1.0

① 黎佳易：《WTO报告：中国进出口为全球贸易作出贡献》，http://m.news.cctv.com/2020/10/07/ARTIB6QsfC9WNT3MPNFdte9X201007.shtml，2020-10-07。

续表

商品名称	计量单位	数量	增速（%）	金额（万元）	增速（%）
汽车（包括底盘）	万辆	61	-25.4	6533823	-8.8
船舶	艘	3208	-23.1	7428460	-13.2
液晶显示板	万个	80929	-20.0	8638901	-12.6
医疗仪器及器械	—	—	—	8445003	50.9
农产品*	—	—	—	33596883	-0.1
机电产品*	—	—	—	646798598	2.1
高新技术产品*	—	—	—	327281876	5.5
文化产品*	—	—	—	36549003	-13.9

资料来源：海关总署。

综上所述，尽管中国外贸发展呈现逐渐恢复的态势，但国际形势依旧严峻，中国依靠外需促进经济发展的模式变得更加脆弱，内需在经济持续发展中的重要性愈加凸显，所以"双循环"提法应运而生。本文一方面通过梳理中国历年有关内需的政策来分析"双循环"新格局理念的发展历程；另一方面通过剖析内需构成对近年来中国内需的影响情况展开分析，最后从供给侧角度出发，来探讨如何挖掘和扩大内需。

二、理论基础与文献综述

（一）构建"双循环"新格局的理论基础

在古典经济学占统治地位的时代，人们普遍认为自由经济能够进行自我调节，从而使市场达到充分就业的均衡状态。但在"一战"结束后不久，各国开始面临长达 5 年的经济大萧条，大量的失业人群与各国经济不景气等问题的显现都充分暴露了传统经济理论的不足。不同于萨伊定律"供给自己创造需求"的理论，凯恩斯在《就业、利息和货币通论》中指出大萧条背景下严重的失业问题源于有效需求不足，即商品总供给价格与总需求价格达到均衡时的总需求不足。而有效需求不足则是由于消费需求与投资需求的不足。因此，凯恩斯认为政府应当通过增加投资以刺激消费，实行赤字财政，扩大社会总需求，从而实现充分就业。该方法的有效性在各国的实践中得以证明。20 世纪 60 年代，美国执政的两任领导人基于凯恩斯主义积极采取扩张性的财政政策，一方面大幅度增加社会福利开支；另一方面大力实施减税计划，极大地促进了美国国内的投资与消费，使得美国在 60 年代保持了高速且持续的经济增长。日本同样通过实施《国民收入倍增计划》、加大政府投资等方式促进了日本个人消费及私人投资。

但是过度的依靠凯恩斯主义也并不能保证国家经济的长久畅通。20 世纪 70 年代美国高失业率与高通货膨胀并存的“滞涨”现象使得凯恩斯主义受到了质疑①。新供给学派认为不应该通过扩张性政策来刺激消费，消费不足应当是通过减税促进企业生产，从生产环节解决问题。正如“拉弗曲线”所表示的，政府税率存在一个最优值使得实际税收达到最高。政府通过实行合适的税率，从供给端改善企业的生产，从而促进经济的发展。

随着发达国家企业生产规模的逐渐扩大，国际间贸易往来愈加频繁。瑞典经济学家林德 1961 年在其著作《论贸易的转变》中指出，国家的出口潜力应当来自该国的国内需求，即产品应当首先在国内有市场并且产品规模超过国内需求才能成为该国的出口产品。并且他认为国家的人均收入水平是影响该国需求结构的主要因素之一。但是中国的出口严重背离国内的需求，这也正成为中国外贸向高质量发展的阻碍②。

易先忠等（2017）基于该理论指出，中国应当通过构建“内需引致出口”的制度环境来矫正目前存在的严重脱离内需的出口模式。“内需引致出口”的概念是基于“内需—出口”假说提出的，它有两方面的含义：一是出口产品结构与国内需求结构的一致性，国内需求较大的产品能顺利转化为有竞争力的出口产品；二是出口升级须立足于贸易新优势，因为国内需求会通过规模效应、生产者与消费者互动的学习效应和引致技术创新等途径对出口升级产生深刻影响。

通过上述理论分析，在经济社会的发展过程中，我们一直试图达到国内生产供给与需求的平衡，从而促进就业的稳定与经济的发展，并且通过优化供给与需求的结构来促进经济的高质量发展。其中内需规模与结构的重要性不容忽视。

（二）有关新发展格局的文献综述

自“构建国内国际双循环相互促进的新发展格局”理念的正式提出，国内学者纷纷就该理念做深层阐述。关于新发展格局的背景，有学者研究认为新发展格局是中国为了突破中美摩擦与疫情全球蔓延导致的困境而提出的（沈国兵，2020），而张杰、金岳（2020）通过梳理中国扩大内需政策的演进历程，认为中国提出“形成以国内大循环为主体、国内国际双循环相互促进的新发展格局”的新战略是大势所趋，也是经济发展的必然历程。

关于该理念的内涵，程实、钱智俊（2020）表明“双循环”应当是从

① 胡鞍钢、周绍杰、任皓：《供给侧结构性改革——适应和引领中国经济新常态》，载《清华大学学报（哲学社会科学版）》2016 年第 2 期，第 17～22、195 页。

② 易先忠、包群、高凌云、张亚斌：《出口与内需的结构背离：成因及影响》，载《经济研究》2017 年第 7 期，第 79～93 页。

供给侧与需求侧两个角度出发，以产业升级为先导、以创造消费新场景的大规模投资为辅助、以激活消费升级为目标促进国内经济“内循环”，继而重塑“外循环”。钱学锋、裴婷（2020）提出新格局形成的关键是要构建双循环的内生动力，即转变经济发展方式、优化经济结构、以科技创新为依托的经济高质量发展以及扩大对外开放水平。姚树洁（2020）通过历年数据对比分析表明中国所具备强大的国内市场和科技力量是国内经济“内循环”的基础。黄群慧（2020）认为虽然提出以国内经济循环为主体，但并不是不重视国际经济循环，而是要进一步挖掘国内的消费潜力，使得国外产业更加依赖中国的消费市场，即提高国内经济“内循环”的同时展开更高水平的对外开放，从而实现国内国际双循环。他同时也指出中国的内需体系并不完整，因此要通过深化供给侧结构性改革等更深层次的改革促进内需体系的完善。

然而，目前中国的内需规模与内需体系建设依旧有待发展。沈国兵（2020）认为目前中国国内有效市场需求规模相对有限，高端产品的有效供给也依旧不足。张杰、金岳（2020）、王薇（2020）均表示目前中国内需驱动发展模式依旧受到各方面的制约，如国内创新能力不足、制造业部门劳动力工资水平增长动力不足以及中等收入群体数量相对不足。

因此，通过上述文献的分析，新发展格局的构建依托的是国内超大规模的市场优势与内需潜力，但是就目前中国而言，内需体系构建依旧不足且内需规模发展依旧受到多种因素的制约。

（三）有关供给侧结构性改革的文献综述

供给侧结构性改革的首次提出是在 2015 年 11 月 10 日的中央财经领导小组第十一次会议上，会议指出，要在适度扩大总需求的同时，着力加强供给侧结构性改革，提高供给体系质量和效率，增强经济持续增长动力。2020 年 5 月 14 日政治局常务会提出要“构建国内国际双循环相促进的发展格局”的同时，再一次提及深化供给侧结构性改革。

在供给侧结构性改革提出的近 5 年里，从政府到学界纷纷对该理念进行深度剖析，一致表明供给侧结构性改革的提出是基于当下的经济体制变化与宏观经济发展的形式，并且它的提出并不代表抛弃需求侧的管理，相反，是要通过供给侧结构性改革来达到调整优化需求侧的目的。胡鞍钢等（2016）指出供给侧结构性改革是适应和引领经济新常态的必然要求，且要通过创新引领主动调整供给端来达到引领需求端的目标。洪银兴（2016）也认为中国的经济调节偏向于供给端，一方面是因为供给侧结构性问题是经济下行的主要矛盾；另一方面是因为仅仅依靠需求侧并不能拉动经济增长，落后的产能与低效率的供给抑制了有效需求，因此要通过“补短板、去产能、去库存、去杠杆和降成本”的方式焕发企业活力，释放有效需求。林卫斌、苏剑（2016）认为中国的供给侧改革是源于经济中三个方面的供需失衡：一是有供给无需求导致的产能过剩；二是低效率的供给体系对有效需求的抑制；三是低质量的供给体系无法满足对产品质量要求日益增长的需求。因此不仅要通过简政放权释放企业活力，也要通过适当的政策引导创造有效供给。

随着供给侧结构性改革的深入，“如何改”成为学者讨论的热点问题之一，黄群慧（2016）认为虽然成本快速上涨是制约制造业健康发展的重要因素，但这并不是简单依靠降低几年税收所能解决的，关键在于要形成有利于实体经济健康发展的体制机制，如一方面要继续推进简政放权；另一方面要营造有利的营商环境。席鹏辉（2017）则通过实证分析指出了中国产能过剩格局难以改变的关键原因，表明财政压力是中国产能过剩形成和化解难题的关键性因素，即地方政府倾向于通过引进产能过剩企业获取的税收利益来缓解财政压力，因此仅简单依靠地方政府的自身经济理性去推动供给侧结构性改革的方式可能难以奏效，中央政府应当积极利用各种方式引导地方官员推动改革的深化。在滕泰主编的《供给侧改革下一步怎么办》一书中，汇集了部分学者关于供给侧结构性改革实施措施的看法，他们表示供给侧结构性改革要聚焦在要素市场，尤其是土地要素市场中土地使用权的交易问题，应当通过开放土地市场去释放土地资源潜力。

综上，供给端呈现的问题是目前中国经济发展过程中存在的主要问题，从供给侧出发能够有效地释放和创造需求。而企业成本、地方财政都是制约深化供给侧结构性改革的重要因素，资本、土地、劳动等要素市场的结构性改革刻不容缓。

三、“双循环”新格局理念形成的演变历程

“双循环”新格局理念的形成并不是一蹴而就的，事实上，它经过了长达二十余年的演变历程。

（一）外向型发展战略遇阻

结合东亚地区的发展经验来看，在经济全球化流行的时代里，国家若想经济腾飞，必然要借助外部力量。如1963年和1964年日本先后成为国际货币基金组织第8条款国和关税与贸易总协定第11条款国，并正式加入经济合作与发展组织。此外，在“贸易立国”战略的基础上，日本加速重化工业的发展，1968年成为仅次于美国的第二经济大国，并成为“世界工厂”。沿着历史的轨迹，中国经济的腾飞也得益于1979年改革开放以及2001年成功加入世贸组织。中国通过“引进来”与“走出去”，借助外部力量成功推动了国内经济发展。

由图2可知，从1979年开始，中国的对外贸易依存度呈现上升的走势，2006年达到顶峰，增长了近5倍。但是，长期依靠外需来化解国内需求不足

的举措并不是长久之计。由表 2 可知，中国 1979 年的改革开放与 2001 年加入 WTO 都使得中国依靠外需拉动了经济增长，但 1998 年的亚洲金融危机与 2008 年的金融危机也都打断了中国依靠外需拉动 GDP 增长的步伐。

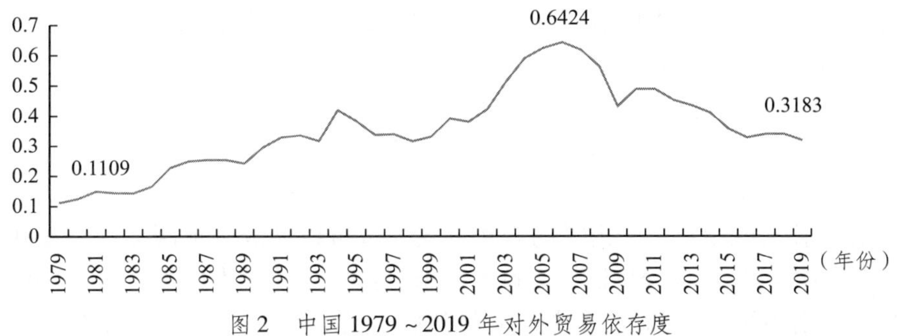

图 2　中国 1979～2019 年对外贸易依存度

表 2　不同阶段净出口对 GDP 拉动率均值

	1979～1998 年	1999～2001 年	2002～2008 年	2009～2018 年
拉动率均值（%）	0. 432	-0. 325	0. 655	-0. 652

资料来源：EPS。

在积极扩大外需的过程中，中国一方面以低成本的劳动优势以及工业基础成功嵌入到全球价值链劳动密集型、低附加值、低技术含量的环节中，这虽然促进了中国经济的快速发展，但也阻碍了中国向全球价值链高端环节的攀升；另一方面依靠利益驱动，资本往往偏好于东部沿海地区及低成本产业，从而造成了地区发展的不平衡以及劳动者收入差距的扩大。因此，以往粗放式的经济发展，不仅放低了对外需质量的要求，还忽略了外需引致的不平衡现象。

（二）扩大内需政策几度临渴掘井

事实上，自 1998 年亚洲金融危机爆发以来，中国政府开始意识到过度依靠外需的脆弱性，首次提出“立足扩大国内需求，加快基础设施建设”等政策主张。尤其是在 2008 年的全球金融危机爆发，中国经济进入“新常态”阶段，外需逐步弱化后，中国生产的产品大量积存，中国经济发展的政策重心开始向扩大内需层面偏倚。2015 年，中国首次提出供给侧结构性改革，即要在适度扩大总需求的同时，着力加强供给侧结构性改革，提高供给体系质量和效率，增强经济持续增长动力。2018 年中美贸易摩擦爆发，当年 12 月的中央经济工作会议更是提出了要“畅通国民经济循环，形成国内市场和生产主体、经济增长和就业扩大、金融和实体经济良性循环"①。而随着逆全球化浪潮的兴起、单边主义的盛行、国际间贸易摩擦的加剧以及新冠肺炎疫情的暴发，2020年5月4日，我国正式提出了要"形成以国内大循环为主体，国内国际双循环相互促进的新发展格局"。扩大内需的理念再次得到完善与深化，扩大内需并不意味着抛弃外需，而是要以内需为主，外需为辅，以内需带动外需，二者相互促进。

四、中国内需现状分析

在以往文献中，关于内需的表达方式大致可以分成以下两类：一是基于GDP支出法的总需求分析框架，投资需求与消费需求代表内需，净出口代表外需。如郭春丽（2012）通过计算内需率（投资率+消费率）分析了进入21世纪以来我国内需率持续大幅下降的原因；二是在实证文献中，采用地区的总体GDP来衡量地区的需求规模（陈启斐等，2013）。

（一）中国近年内需率不足100%，消费与投资比例失衡

本文参考郭春丽（2012）的方法计算中国历年内需率，结果如图3所示，中国内需率在2000年前一直保持在100%上下，但进入21世纪以来，内需率开始下降，基本维持在90%~100%。从内需率走势来看，中国内需近年来略有稳步上升的趋势，但从内需率构成来看，消费率长期下降，投资率长期渐升，其中消费率在2000~2010年快速下降，虽然从2010年开始，消费率有所回调，但增幅并不大，约上升6%，总值未超过55%，依旧是长期下降趋势。对比美日两国的内需及其构成，中国明显存在差距，根据钱学锋、裴婷给（2020）的研究，1970~2018年，美国的内需一直超过100%，且消费占比约为80%，投资占比约为20%，而日本的内需则围绕100%上下浮动，且消费占比也在逐年攀升。

（二）最终消费率增长率连年下降

那么为什么最终消费率呈现不断减小的趋势呢，根据"消费率=最终消费支出/国内生产总值"可知，当期消费率较上年消费率是否增大，取决于最终消费支出的增长率是否大于国内生产总值的增长率。由图4可知，中国消费率在2000~2010年出现下滑，是因为最终消费支出的增长率小于国内生产总值的增长率。虽然中国消费率在2010年后有小幅回升，但这并不是因为最终消费支出增长率的增加，而是因为国内生产总值增长率的下降，且

---

① 钱学锋、裴婷：《国内国际双循环新发展格局：理论逻辑与内生动力》，载《重庆大学学报（社会科学版）》2021年第1期，第14~26页。

在2011年最终消费支出增长率超过国内生产总值后，二者同时下降，二者间差值在2015年达到最大。

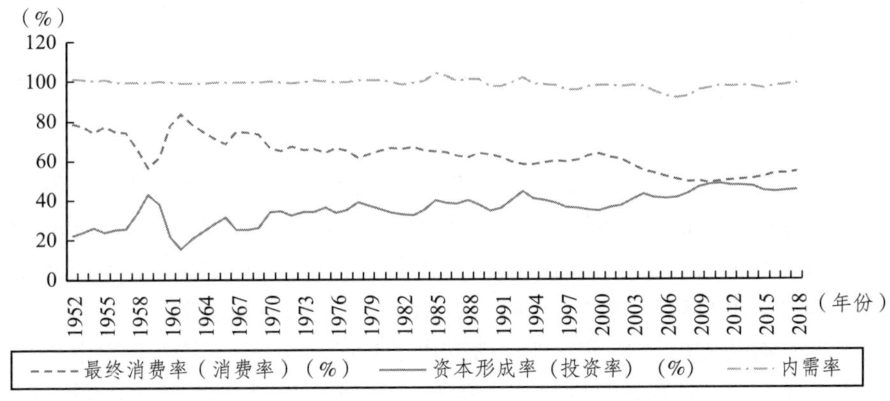

图3　1952～2018年中国消费率、投资率及内需率

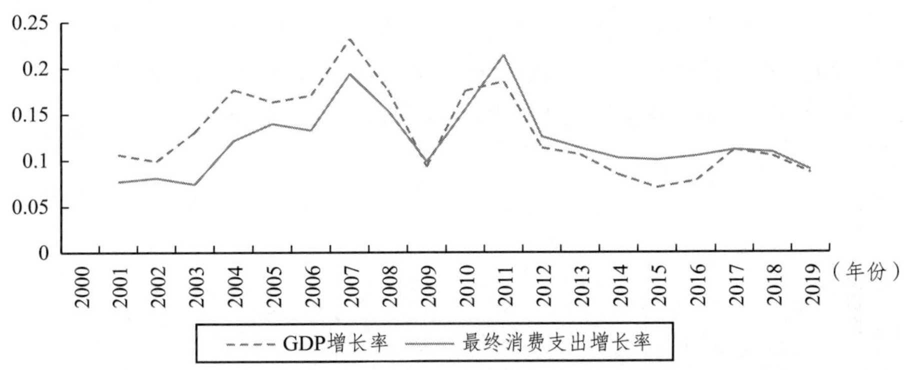

图4　中国2000～2019年国内生产总值增长率与最终消费支出增长率

因此在2000～2010年消费率出现下滑，是因为最终消费支出的增长率低于国内生产总值的增长率，国内生产总值的增加并不是主要依靠最终消费支出的增加。2010年后消费率的小幅上涨，实际是因为中国经济增速的下滑所致。观察两个时期消费支出与国内生产总值增长率的均值（见表3），可以发现消费支出增长率的均值仅下降不到0.01，而国内生产总值的增长率均值下降近0.05。因此，可以认为，最终消费率下降一方面是因为消费支出的自身动力不足；另一方面是因为中国经济增速的放缓。

表 3 中国 2001 ~ 2010 年与 2011 ~ 2019 年最终消费支出与国内生产总值增长率均值

项目	2001 ~ 2010 年	2011 ~ 2019 年
最终消费支出	0. 1226	0. 1188
国内生产总值	0. 1521	0. 1044

资料来源：国家统计局。

中国经济增速的放缓是必然的结果，纵观世界经济发展，没有任何一个国家可以保持长久的高速经济增长。那么归根结底，依旧要探寻最终消费支出增长动力不足的缘由。根据中国统计年鉴的指标解释可知，最终消费支出由居民消费支出与政府消费支出构成，由图 5 可知，居民消费支出增长率普遍低于政府消费支出增长率，即消费支出的增长主要靠政府消费支出进行拉动。为了应对 2008 年金融危机，中国政府连续推出进一步扩大内需、促进经济平稳较快增长的十项措施，至 2010 年底约耗 4 万亿元人民币，该类措施确实在短期内缓冲了金融危机所带来的影响，但从图 5 也可以看出，当 4 万亿元人民币所带来的刺激效应衰退后，消费支出并没有可持续的增长，2011 ~ 2012 年居民消费支出与政府消费支出增长率骤降，在 2012 年后，居民消费支出与政府消费支出的增长率基本维持在 0. 1 上下。

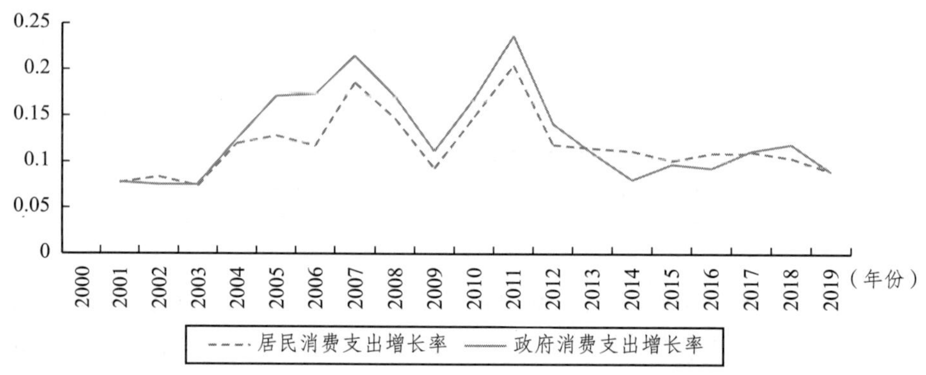

图 5 中国 2000 ~ 2019 年国内生产总值增长率与最终消费支出增长率

实际上，不论是美国、日本还是其他发达经济体，在内需构成中，消费往往占据主要部分，其中居民消费占比最大。居民消费支出是社会消费需求的主体，更是拉动经济增长的直接因素。国家统计局有关数据显示，我国的居民消费和同期的发达国家相比，一直处于较低水平。造成我国居民消费支出增长乏力的原因有很多，下面将从最主要的三个方面来进行阐述。

1. 居民消费支出占比较高

居民消费支出指居民用于满足家庭日常生活消费的全部支出，包括购买实物支出和服务性消费支出。消费支出按商品和服务的用途可分为食品、衣着、生活用品及服务、医疗保健、交通和通信、娱乐教育文化服务、居住、其他商品和服务八大类。

在居民人均消费支出的构成中食品烟酒消费支出占比最高，其次是居住消费，由图 6 可以看出，居住消费支出连年攀升且增速最快，2019 年达到 5055 元。值得注意的是，在统计指标含义中居住是指与居住有关的支出，既包括房租、水、电、燃料、物业管理等方面的支出，也包括自有住房折算租金。而购房属于房地产投资领域，根据国家统计年鉴中各行业固定资产投资可得数据①，绘制图 7 和表 4。由图 7 可知，虽然近年来房地产投资在社会总固定资产投资中所占比重有所下降，但占比依旧较高。而在房地产开发投资中住宅投资占比最高，2008 ~2018 年普遍维持在 67% ~72% 范围内。

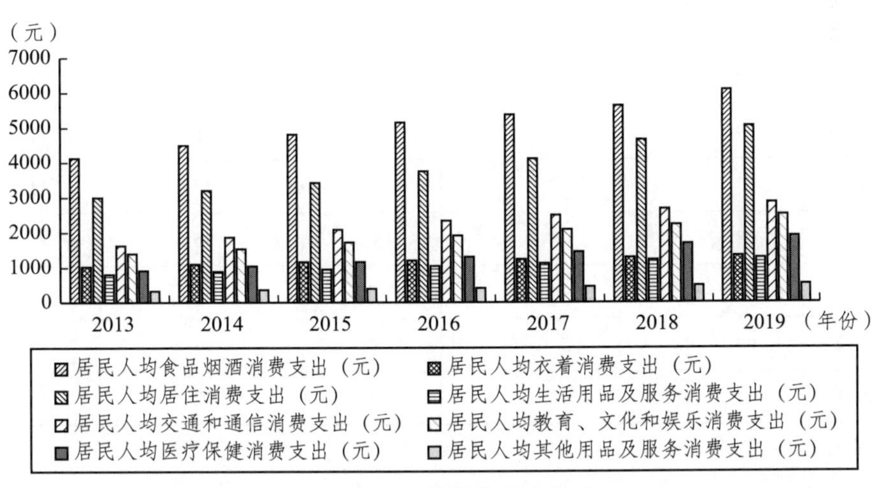

图 6　居民人均消费支出构成

由此可见，本来就不足的居民消费支出又被居住消费挤占，对消费的增长起到了直接的抑制作用。高比例的住宅投资导致人均消费支出与人均可支配收入的比例不断下降，进而对消费升级促进经济发展的模式产生了阻碍。

① 注：基础设施类投资包括对交通运输仓储和邮政业、水利、环境和公共设施管理业的投资，生产性服务业投资包括对信息传输计算机服务和软件业、金融业、科学研究、技术服务和地质勘察业、租赁和商务服务业的投资，生活性服务业投资包括对批发零售、住宿餐饮、居民服务和其他服务业的投资，社会事业类投资包括对教育、文化、体育和娱乐类投资，社会保障投资包括对卫生、社会保障和社会福利业的投资。

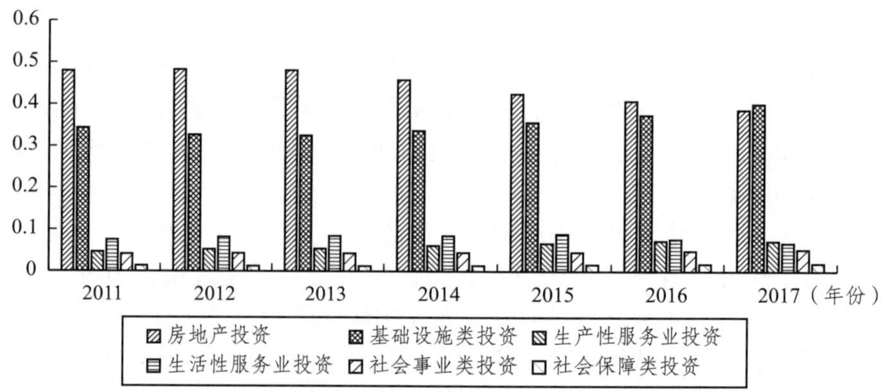

图7 2011～2017年固定资产投资构成变化情况

表4 2011～2018年房地产开发投资构成 单位：%

年份	住宅	别墅、高档公寓	办公楼	商业营业用房	其他
2018	71	4	5	12	12
2017	68	4	6	14	11
2016	67	3	6	15	11
2015	67	4	6	15	11
2014	68	4	6	15	11
2013	69	4	5	14	12
2012	69	5	5	13	14
2011	72	6	4	12	12

资料来源：国家统计局。

2. 居民人均可支配收入连年下降

居民可支配收入是居民可用于最终消费支出和储蓄的总和，即居民可用于自由支配的收入。既包括现金收入，也包括实物收入。通常认为居民可支配收入对居民消费开支有极强的正向影响，是居民消费开支最重要的决定性因素。

由表5可知，从居民收入的角度来看，居民人均可支配收入连年上涨，但除去物价后，计算其实际增长率，可以发现2014～2018年居民人均可支配实际收入连年下降。这也是社会上经常抱怨“钱不值钱”的原因，居民人均可支配收入的增长抵不过物价水平的上涨，与过去相比，同面值的货币并不能购得同价值的商品。因此导致居民消费支出的增长动力严重不足。

表 5　　　　　　2014～2018 年居民人均可支配收入及增长率

指标	2019 年	2018 年	2017 年	2016 年	2015 年	2014 年
居民人均可支配收入（元）	30733	28228	25974	23821	21966	20167
居民人均可支配收入名义增长率	0. 088742	0. 086779	0. 090382	0. 084449	0. 089205	0. 10136
居民消费价格指数（上年 =100）	102. 9	102. 1	101. 6	102	101. 4	102
居民人均可支配收入实际增长率	-0. 98942	-0. 98936	-0. 98927	-0. 98937	-0. 98926	-0. 9892

资料来源：国家统计局。

3. 城乡收入差距加大

城乡收入差距的扩大也是导致居民消费水平下降的一个重要原因。研究表明，从短期来看，每当城乡居民收入差距拉大 1%，城镇和农村居民的消费支出分别会减少 0. 028% 和 0. 192%，收入差距的拉大不同程度地抑制了城乡居民的消费需求①。

由图 8 可知，城乡居民人均可支配收入差距从 2013 年 18000 元上升至 2019 年 26000 元，年均增长率约为 9%。居民收入城乡差距悬殊，一方面在

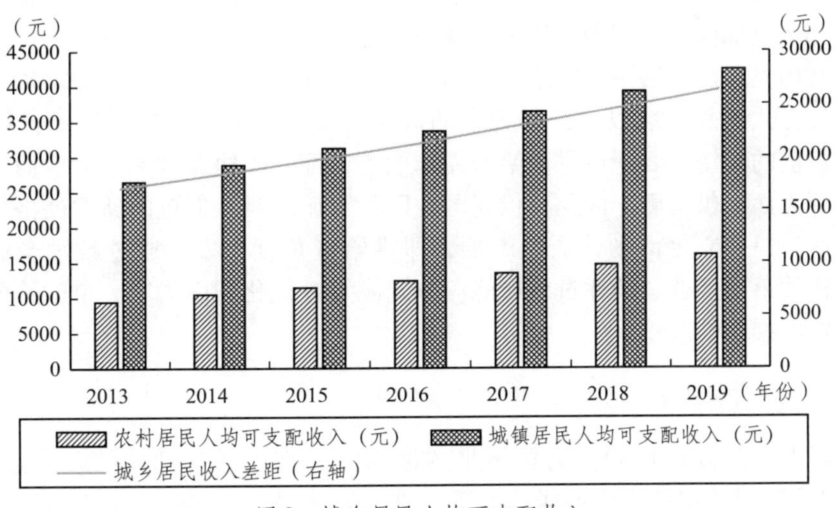

图 8　城乡居民人均可支配收入

① 丛雅静：《我国城乡收入差距与居民消费需求研究——基于 ECM 模型》，载《调研世界》2015 年第 6 期，第 11～16 页。

于农村居民中老人缺乏收入来源，不同于城镇居民一般拥有固定的退休金以及其他如租房产生的资产收入，他们或依靠政府补贴、或卖些许农产品产生的微薄收入来维持日常所需；另一方面在于农村居民中青壮年大多从事的是劳动密集型行业，收入低、不稳定，并且他们的收入往往需要维持整个家庭的日常开销。

因此，中国近年来内需明显不足，其中最终消费率连年下降，究其原因，一是有关居住的消费与投资占比过高，对居民消费产生明显的挤压效应。居民大部分的收入流向房地产行业，剩余供其他消费的可支配收入明显降低，现有的消费支出结构不仅不利于内需规模的扩大，也不利于内需结构的优化；二是居民人均可支配实际收入连年下降，无法为居民消费支出提供动力；三是城乡居民收入差距扩大，农村居民的低收入抑制了其消费动力。

消费不足暴露了拉动经济增长的三驾马车——消费、投资、净出口的失衡问题。提升消费支出，尤其是居民消费支出刻不容缓。

五、供给侧结构性改革与构建“双循环”新格局

构建“国内国际双循环相互促进”的新发展格局的最终目的在于通过发挥国内超大市场及内需潜力来保证国家经济的可持续高质量发展。以往的实践证明，第一，主要依靠外需带动经济发展不仅无法保证经济发展的可持续性，也无法保证经济的高质量发展；第二，从需求侧管理角度使用扩张性的财政政策可以在短期内刺激投资与消费，但并不能使经济良好运行具备长期性。那么应如何促进消费，使消费率长期走高，进而带动经济的发展？

在国民经济发展中，需求与供给的矛盾相互转化，是采取以需求端为主的调控方式还是采取以供给端为主的调控方式取决于经济运行形式特征①。中国目前的经济主要矛盾是供给与需求的不匹配、不协调和不平衡，而矛盾的主要方面在供给侧。因此，构建国内国际双循环相互促进的新发展格局归根结底还是要立足市场，从生产端，即供给侧角度出发，通过鼓励企业创新、淘汰落后产业、消耗过剩产能等方式满足并优化国内需求，也就是要深化供给侧结构性改革。

（一）改善房地产供给，释放有效需求

根据前文分析可知，消费不足的原因之一在于居住部分的开支过高。“炒房热”导致房地产价格居高不下，进而导致居民大部分消费支出流向房地产领域。同时住房租赁市场不完善，导致有住房需求的低收入居民面对高

---

① 邓磊、杜爽：《我国供给侧结构性改革：新动力与新挑战》，载《价格理论与实践》2015年第12期，第18～20页。

房价只能望而却步。因此，高额的居住支出不仅削减了居民的可支配收入，也抑制了居民住房的有效需求。根据国家统计局数据，2018 年商品房平均销售价格为 8736.9 元/平方米，同比增长 10.71%，增速上升了约 5.16%。如何稳定房地产价格水平、抑制房地产泡沫成为了提升居民消费水平的一大难题。

解决房地产问题首先应明确的一点是房地产的供需矛盾在不同的城市有不同的表现形式。对于一、二线城市而言，这类城市拥有大量的流动人口，无论这些人有没有永久居留或落户的打算，他们大多属于暂时没有能力或者没有必要购买商品住房的人群。解决这类人群的住房问题，最为有效的方式就是要让他们能够在市场上租到合适的住房。分析我国住房市场的现状，房地产开发商新建的商品房长期以来只售不租，其产品基本上是“一次性卖断”。目前市场上可供租赁的住房大都是私人自发的、零散的自由租赁，存在着市场主体分散、中介机构不规范、承租人处于弱势地位等问题。因此政府及有关部门应该加大住房租赁市场的建设，创新住房供应方式。一方面在商品房销售中，引导开发商从一次性销售向租售并举转变；另一方面要加快培育市场主体，鼓励有实力的机构投资者进入住房租赁市场，通过专营的房屋租赁主体，实现市场化运作和规范化经营，从而降低市场运行成本，减少住房租金。

而对于大部分三、四线城市，库存压力大，房价高，流动人口的住房需求不足以缓解当地库存，本地居民即使有住房需求也由于收入低而无法支付过高的房价。因此保障低收入困难群体的基本住房是这些城市的当务之急。一方面对于房地产库存量较大的城市，政府应停止建设公共租赁住房，转而向市场采购商品住房作为保障性住房，进一步完善在普通商品住房中配建保障性住房的政策，通过土地出让约定开发商提供一定比例的商品住房用作保障性住房；另一方面应当鼓励集体土地入市。集体土地入市指的是农村集体土地可以入市流转，允许农村集体经营性建设用地使用权出让、租赁、入股，实行与国有建设用地使用权同等入市、同权同价。国家从 2017 年末选取了 13 个城市开展集体土地建设租赁住房的试点工作，从取得效果来看，本次试点政策增加了市场上租赁住房的供应，缓解了住房供需矛盾，极大地满足了我国中低收入者居住需求。从而可能改变房地产企业的发展模式，促进租赁行业投资者的崛起，同时提高土地的利用效率，保障住房市场稳定发展。

（二）推进产业结构优化与体系的完善

除去居住成本过高的因素，实际收入水平连年下降、城乡居民收入差距扩大也是抑制居民消费支出的重要因素。那么从供给侧角度出发应当如何提高居民收入水平、缩小收入差距呢？

根据中国统计数据，目前城镇居民的收入主要来源于工资性收入，财产净收入仅占可支配总收入的10%，农村居民的收入主要来源于工资性收入与经营性收入，财产净收入占可支配总收入的2%。因此，以提高居民收入为目标，推进产业的发展与结构优化，首先要增加就业机会、提高工资水平。如推进服务业结构优化，大力发展生产性服务业，根据张建华等（2019）的研究，对于成功跨越中等收入陷阱的经济体而言，制造业的发展更依赖于生产性服务业的中间投入，因此推进生产性服务业不仅可以增加就业机会，也有利于推动制造业的发展。

其次着手提高居民的财产性收入，大部分居民由于缺乏专业的金融知识指导，往往不能通过投资获得稳定性的收入，因此应当培育专业的金融服务体系，最大限度盘活居民手中可支配存款，不仅使居民获得稳定的财产性收入，促进消费，也有利于投资领域的资金流通。

最后，巩固脱贫攻坚成果，提高农村居民收入。一方面要稳定农产品价格，给予农民适当的农业生产资料价格补贴，减轻农民的农机成本，避免成本上升抵消农民人均纯收入的增加速度，保证农民基本收入的稳步提升。另一方面要全面放开户籍限制，降低落户门槛，健全城镇住房、教育、医疗、就业等保障措施，不断提高城市化率，缩小城乡收入差距。

综上分析，在疫情的冲击下，国外有关加工贸易方面的生产需求锐减，国际形势纷杂。中国需要改变过去依赖外需的生产模式，转向依靠内需的生产模式，其关键之处在于扩大我国内需水平，其落脚点在于扩大居民可支配收入与优化居民消费支出结构，而措施的实施方向应从供给端出发，改善房地产供给、推进产业结构优化与体系的完善，从而深化供给侧结构性改革实现经济双循环发展的新格局。

参考文献

[1] 易先忠、包群、高凌云、张亚斌：《出口与内需的结构背离：成因及影响》，载《经济研究》2017年第7期。

[2] 何代欣：《大国转型与扩大内需：中国结构性改革的内在逻辑》，载《经济学家》2017年第8期。

[3] 郭春丽：《我国内需率下降的成因及建立扩大内需长效机制的思路》，载《经济理论与经济管理》2012年第9期。

[4] 刘铠豪：《中国内需增长的理论机理与实证检验——来自人口结构变化的解释》，载《南开经济研究》2017年第1期。

[5] 姚树洁、房景：《“双循环”发展战略的内在逻辑和理论机制研究》，载《重庆大学学报（社会科学版）》2020年9月29日。

[6] 黄群慧：《“双循环”新发展格局：深刻内涵、时代背景与形成建议》，载《北京工业大学学报（社会科学版）》2020年9月29日。

[7] 钱学锋、裴婷：《国内国际双循环新发展格局：理论逻辑与内生动力》，载《重庆大

学学报（社会科学版）》2020 年 9 月 29 日。
[8] 张杰、金岳:《我国扩大内需的政策演进、战略价值与改革突破口》，载《改革》2020 年第 9 期。
[9] 王微、刘涛:《以强大国内市场促进国内大循环的思路与举措》，载《改革》2020 年第 9 期。
[10] 沈国兵:《疫情全球蔓延下推动国内国际双循环促进经贸发展的困境及纾解举措》，载《重庆大学学报（社会科学版）》2020 年 9 月 29 日。
[11] 王晶晶、陈启斐:《扩大内需、人力资本积累与 FDI 结构性转变》，载《财经研究》2013 年第 9 期。
[12] 胡鞍钢、周绍杰、任皓:《供给侧结构性改革——适应和引领中国经济新常态》，载《清华大学学报（哲学社会科学版）》2016 年第 2 期。
[13] 冯志峰:《供给侧结构性改革的理论逻辑与实践路径》，载《经济问题》2016 年第 2 期。
[14] 沈程翔:《中国出口导向型经济增长的实证分析：1977—1998》，载《世界经济》1999 年第 12 期。
[15] 王晋斌:《对中国经济出口导向型发展模式的思考》，载《中国人民大学学报》2010 年第 1 期。
[16] 郭庆旺、赵志耘:《中国经济增长“三驾马车”失衡悖论》，载《财经问题研究》2014 年第 9 期。
[17] 邓磊、杜爽:《我国供给侧结构性改革：新动力与新挑战》，载《价格理论与实践》2015 年第 12 期。
[18] 林卫斌、苏剑:《供给侧改革的性质及其实现方式》，载《价格理论与实践》2016 年第 1 期。
[19] 洪银兴:《准确认识供给侧结构性改革的目标和任务》，载《中国工业经济》2016 年第 6 期。
[20] 黄群慧:《论中国工业的供给侧结构性改革》，载《中国工业经济》2016 年第 9 期。
[21] 席鹏辉、梁若冰、谢贞发、苏国灿:《财政压力、产能过剩与供给侧改革》，载《经济研究》2017 年第 9 期。
[22] 滕泰编:《供给侧改革　下一步怎么办》，东方出版社 2016 年版。
[23] 张建华、程文:《服务业供给侧结构性改革与跨越中等收入陷阱》，载《中国社会科学》2019 年第 3 期。
[24] 丛雅静:《我国城乡收入差距与居民消费需求研究——基于 ECM 模型》，载《调研世界》2015 年第 6 期。

The New Pattern of "Dual Cycle" and Deepening the Supply-side Structural Reform

Zhe Zhao　Qianwen Jiang　Hong Chen

Abstract: The de-globalization of the economy and the global spread of the new crown epidemic have brought huge challenges to the development of trade at the level of China and the world. In the face of the unknown future international situation and the increasing domestic material demand, The Standing Committee of the Bureau pointed out that "we must deepen the supply-side structural reforms, give full play to China's super-large-scale market advantages and domestic demand potential, and build a new development pattern in which the domestic and international dual cycles promote each other" on May 14, 2020. Since the problems on the supply side are the main problems in China's economic development process, starting from the supply side can effectively release and create demand. Therefore, on the one hand, this article analyzes the development process of the concept of the "dual cycle" new pattern by combing through China's policies on domestic demand over the years. Expand the disposable income of residents, improve the supply of real estate, and promote the optimization of the industrial structure and the improvement of the system, so as to deepen the supply-side structural reform to realize a new pattern of economic dual-cycle development.

Keywords: New dual-cycle pattern; expanding domestic demand; supply-side reform

“双循环”背景下基本公共服务供给水平对城乡居民消费差距的影响*

熊云飚　张子璇　成孝宗

摘　要：在“双循环”背景下，扩大内需、缩小城乡居民消费差距是我国经济高质量发展的重要一环。城乡基本公共服务供给水平直接间接地影响了城乡居民消费意愿，城乡基本公共服务非均等化更是导致城乡居民消费差距的进一步扩大。基于此背景，具体剖析了城乡公共服务供给对城乡收入差距影响的作用机制，并采用动态面板回归模型与固定效应模型，考察了城乡基本公共服务供给水平对城乡居民消费差距的影响，研究发现：基本公共服务供给水平的提高会缩小城乡消费差距。在基于区域异质性的研究中发现，基本公共服务供给水平的提高，对于西部地区缩小城乡居民消费差距的作用大于中部和东部。因此，政府应该更加重视财政支出结构的优化和地区间的均衡，不断提高农村地区的社会保障水平与收入水平，以此逐步缩小城乡居民消费差距。

关键词：双循环　基本公共服务供给　城乡居民消费差距

一、引言与文献回顾

2020年7月30日，中共中央政治局会议明确提出，要加快形成以国内大循环为主体、国内国际双循环相互促进的新发展格局。双循环的重要基础是发挥国内超大规模市场的潜力，而这取决于消费潜力的增长和实现。但是长期以来，我国城乡经济社会发展形成了严重的二元结构，城乡经济发展水平以及城乡居民收入的水平都有较大差距，导致城乡居民的整体消费水平不高，消费差距进一步扩大。根据国家统计局数据显示，改革开放以来，我国城乡消费支出比在1978～1990年出现了短暂的缩小，从1978年的2.9下降到1990年的2.2。随后，我国城乡消费支出比出现了明显的扩大，从1995～2010年一直保持在3.5左右，之后出现了明显的缩小。到2019年，我国城

---

* 作者简介：熊云飚（1969～），云南武定人，教授，硕士生导师，经济学硕士，研究方向：宏观经济运行与调控，电子邮箱：xiongyunbiao@163.com；张子璇（1997～），女，山西晋城人，硕士研究生，研究方向：人力资源开发与管理研究；成孝宗（1995～），男，河北承德人，硕士研究生，研究方向：宏观经济运行与调控。

基金项目：云南省教育厅2021年度科学研究基金项目，项目名称为“云南省基本公共服务供给水平对城乡居民消费差距的影响”，项目编号：2021Y598。

镇居民人均消费支出 28063 元，农村居民人均消费支出 13328 元，城乡消费支出比为 2.1，达到了改革开放以来的一个较低点。虽然近年来我国城乡消费支出比出现了明显下降，但是城乡居民消费绝对值的差距在不断扩大，这将会影响我国进一步扩大消费需求，影响“双循环”发展的进程。因此，缩小城乡居民消费差距对于我国推进乡村振兴战略、扩大居民整体消费需求，实现高质量发展有重要意义。

对于城乡居民消费差距产生的原因，我国学者从多方面展开了研究，多数学者认为城乡居民收入差距扩大是导致城乡居民消费差距产生的直接原因。张月朗（2017）认为工资性收入差距成为影响我国城乡消费的重要因素，周少甫（2017）通过对省域数据进行实证研究，发现城乡收入差距对居民消费率存在显著的负向影响，且存在区域差异，丛雅静（2015）认为收入差距的拉大不同程度地抑制了城乡居民的消费需求。还有一些学者从财政支出角度出发，认为基本公共服务对城乡居民消费差距有着直接和间接的影响。我国学者多从基本公共服务整体水平对城乡居民消费差距的影响以及具体一项或几项基本公共服务对城乡居民消费差距的影响两个方面展开研究。对于基本公共服务整体水平对城乡居民消费差距影响的研究，多数学者构建了基本公共服务综合评价体系，进而研究其与城乡居民消费差距之间的关系。李颖（2010）认为居民消费需求低迷，农村居民消费比重的持续下降，其深层原因之一是财政基本公共服务支出在城乡之间的不均衡，财政在义务教育、基本医疗卫生、社会保障等基本公共服务支出上存在着明显的城乡差别。常文涛（2020）、马泽波（2019）认为基础公共服务支出对城乡居民消费差距的直接效应显著；城乡居民收入差距和城乡公共品供给差距恶化将会扩大城乡居民消费差距。从基本公共服务对城乡居民消费差距的影响机制来看，多数学者认为城市偏向的财政支出是导致城乡居民消费差距扩大为深层次的原因（邝小文，2012），基本公共服务支出在农村的缺失以及在城乡之间投入力度的不均衡，严重抑制了农民的消费意愿，加大了城乡居民消费的差距（李颖，2010）。对于具体一项或几项基本公共服务对城乡居民消费差距的影响研究，多数学者从医疗卫生，社会保障，教育这几个方面民生性财政支出领域展开研究，认为我国在民生方面制度具有较大不确定性，从而导致了居民特别是农村居民对未来的不确定性预期较强，削弱了财政支出对居民消费应有的刺激作用（焦健，2017）。我国由于受到城乡二元结构的影响，使得偏低的医疗卫生资源在配置上长期倾向于城市，导致城市与农村的医疗卫生不均等程度越来越大。这样增加医疗卫生财政支出不但没有起到缩小城乡消费差距的作用，反而对城乡居民消费差距的拉大具有不同程度的刺激性作用（焦健，2017）。社会保障直接影响到收入分配格局，通过收入分配又影响到城乡居民消费差距。多数学者认为社会保障有严重的城市偏向，社会保障支出在一定程度上扩大了城乡消费差距，并且初次分配的扭曲在一定程度上导致社会保障再分配功能也存在一定的偏差。焦健（2017）通过对省级面板模型进行实证研究，认为我国社会保障支出占财政支出的比重偏低，人均社保支出对消费差距的影响不大，但是地区间的影响存在较明显差异。吕承超（2018）认为社会保障对城乡居民消费差距的影响受到城镇化发展水平的影响。在城镇化水平中级阶段，社会保障支出缩小了城乡居民消费差距；在城镇化水平高级阶段，社会保障支出拉大了城乡居民消费差距。受教育程度的高低是劳动者收入高低的关键因素，教育支出通过影响城乡收入水平，从而进一步对消费产生影响。多数学者认为教育支出对城乡居民消费差距的影响受到支出的结构影响，公共教育支出越偏向城市和高等教育，教育支出对城乡消费差距的负向作用越明显。刘吕吉（2017）、焦健（2017）、李颖（2010）等认为城乡居民消费差距的产生部分原因是财政教育支出的地区不均衡所致，政府增加财政教育支出，对城乡居民消费支出的差距有明显缩小作用。

综上所述，基本公共服务供给水平对城乡居民消费差距有着直接与间接的影响，为了进一步探究我国基本公共服务供给水平对城乡居民消费差距的影响，本文通过对基本公共服务供给水平对城乡居民消费差距的影响机制进行分析，并建立省级面板模型进行实证分析，以期为扩大整体居民消费水平，缩小城乡差距，推进“双循环”进程提供理论依据。因此，本文将从以下几个方面进行探究：首先，分析城乡消费差距产生的原因，并分析基本公共服务水平对城乡消费差距的影响机制；其次，建立基本公共服务指标体系，测算全国各省份的基本公共服务水平，并采用同一口径对同一年度进行比较；最后，采用动态面板回归模型，对基本公共服务对城乡消费差距的影响进行实证分析，并对东中西地区进行异质性分析，研究不同地区基本公共服务对城乡消费差距的影响，进而使本文的研究结论更有现实意义。

二、基本公共服务供给对城乡收入差距的影响机理及研究假设

（一）基本公共服务供给对城乡收入差距的影响机理

“双循环”是在世界经济大趋势，以及我国老龄化严重、人口总量持续升高的背景下提出的，“双循环”发展的重要一环就是要扩大消费的引领作用，而要想提高消费需求，就需要使收入增长保持与经济增长同步，同时要加大再分配力度，由于我国的特殊国情，想要优化再分配状况，就需要实现基本公共服务均等化。在我国分税制改革以后，我国经济有了一个较快的发展，但是政府间的事权依然没有得到清晰的划分，财权、事权和支出责任仍然存在不匹配的现象，这样我国基本公共服务非均等化以及城乡差距拉大就成为我国高质量发展的制约因素。本文通过我国的实际情况，总结了基本公

共服务供给对城乡消费差距的影响机理，如图1所示。

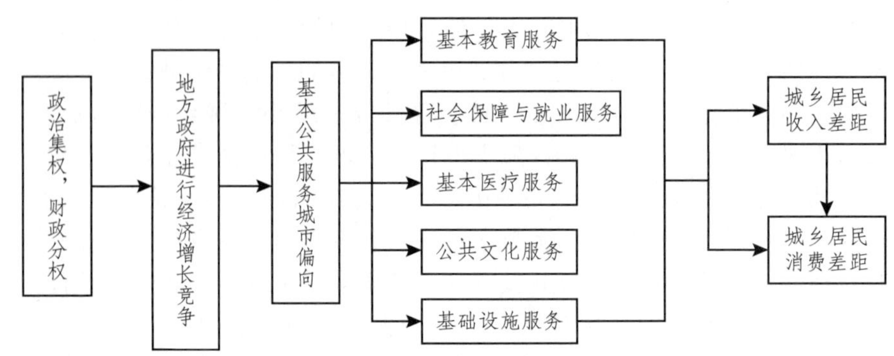

图1 基本公共服务供给对城乡消费差距的影响机理

多数学者认为我国的财政分权体制导致我国财政支出结构出现城市偏向和地方政府财政支出偏向性，造成了城乡基本公共服务出现非均等化现象，使农村居民在生存和发展能力上处于明显弱势，城乡居民在基本公共权利上出现差距，这种差距通过初次分配及再次分配直接与间接地影响到城乡居民的收入水平及消费水平。

一是政府财政支出的偏向性导致基本公共服务供给不均。当前，我国实行的是政治集权与财政分权相结合的体制，这样就会导致中央地方财权、事权和支出责任不匹配，地方政府的事权较多，但财权较为有限，那么地方政府为了追求更高的收益，仍是以经济建设财政支出为主，仍然更倾向于发展短平快、价高利大的项目，以此来增加本级财政收入，这样就会导致基本公共服务供给出现一定程度的缺失，就会直接影响到整体基本公共服务供给水平。同时，由于我国政治上集权，地方官员通过国家委派，所以就出现了“锦标赛”式的晋升方式，各地政府官员把经济建设作为首要任务，财政支出更多地投入城市地区，这样就导致明显的政府财政支出的城市偏向。即便是民生性财政支出也不例外，例如社会保障支出在结构上也不平等，城镇员工的社保费用逐步提升，农民工等却不能享用社会保障制度，这都体现了我国基本公共服务供给的城市偏向。

二是城市偏向导致我国基本公共服务非均等化。在我国改革开放以前，政府的城市偏向主要源于与重工业优先发展相关的一整套干预政策，而在改革开放以后，尤其是1993年分税制改革以后，我国也进行了中央财政与地方财政支出划分，但是地方官员由于GDP增长的压力，仍然对于基本公共服务的供给偏向城市地区。由于我国城乡二元结构长期存在，农村居民在医疗，教育，社会保障等方面的权益一直与城市居民有较大差距，因为城市拥有更多经济发展的资源，所获得的利润也远远超过农村，那么我国城乡基本公共服务供给就长期处于不均衡的状况，这也严重损害了农村居民的基本权力，使农村居民的整体收入与消费水平都相对较低。

三是从理论上讲，城乡居民消费差距很大程度上是城乡居民收入差距的问题。依据经济增长理论，基本公共服务对农村居民收入影响主要体现在两个层次。第一个是直接、短期影响，主要为基础设施投资与服务是一般产业投资的前提，其落后会直接影响农村地区的产业发展，进而不利于农村地区收入提高。第二个是间接、长期影响，主要是农村地区教育、医疗、社保及文化等服务低水平不利于其长期人力资本积累、劳动力纵向流动等，进而阻碍收入的提高速度。另外，公共服务低水平抬升了当前支出成本，直接降低了未来消费预期。而农村公共服务的低水平直接与过去我国长期“重城市，轻农村”的发展模式及其相应财政体制有着直接、根本的关系。

（二）研究假设

根据已有的相关研究可以发现基本公共服务供给水平的提高能够显著提高居民对消费的偏好程度，提高整体的消费水平。随着基本公共服务供给水平的提高，农村居民所获得的基本公共权利将会得到改善，在支出方面政府对于城乡支出的水平逐渐接近，加之在我国中央对地方的转移支付体系下，通过提高财政收入水平相对较低地区的财政支出规模，特别是在农村地区基本公共服务方面的支出规模，从而缩小城乡消费差距。

假设 1：基本公共服务供给水平对城乡居民消费差距存在反向影响

由于受到历史、环境、政策、经济发展水平等因素的影响，各地区基本公共服务供给水平并不一致，城乡居民消费差距也有所不同，基本公共服务供给水平对城乡居民消费差距的影响也会呈现不同程度的区域差异。因而，在假设 1 的基础上，本文从不同地区的基本公共服务供给水平的视角考察其对城乡居民消费差距影响可能存在的差异。

假设 2：不同地区基本公共服务供给水平对城乡居民消费差距的影响存在差异

三、模型设定与变量选取

（一）模型设定

1. 基本公共服务供给水平对居民消费支出的影响

根据以上机理分析，为了检验基本公共服务供给水平对居民消费支出是否为正向影响，本文参考相关文献资料，建立如下基准模型：

$$\ln C_{it} = \beta_0 + \beta_1 \ln C_{i,t-1} + \beta_2 \ln BPS_{it} + \alpha_m \sum_{j=1}^{m} X_{it} + \varepsilon_{it} (j = 1, 2\cdots, m) \quad (1)$$

$$\ln C_{it} = \beta_0 + \beta_1 \ln C_{i,t-1} + \beta_2 \ln BPS_{it} + \alpha_m \sum_{j=1}^{m} X_{it} + \varepsilon_{it} (j = 1, 2\cdots, m) \quad (2)$$

其中，C 表示城乡居民消费支出，$C_{i,t-1}$表示城乡居民消费支出的滞后一期值，这是考虑到城乡居民上一期消费对当期消费的影响，因此本文在模型中引入被解释变量滞后一期进行回归分析，BPS 表示各省基本公共服务供给水平，X 为一系列控制变量，β_0 是常数项，β_i 是自变量的系数，ε_{it}是随机扰动项，i 表示各省，t 表示年份。

其中，模型（1）采用静态面板回归模型；模型（2）采用系统广义矩估计方法（GMM），是为了在很大程度上规避变量的内生性问题。从现实情况来看，城乡居民上一期消费对当期消费有一定影响，可能存在滞后性，因此本文在模型（2）引入被解释变量城乡居民差距的一阶滞后项。

2. 基本公共服务供给水平对居民消费影响的区域异质性分析

由于各区域城乡居民消费支出差距较大，因此对不同地域进行异质性研究。由于数据可获取性，这里选取 2011 ~2019 年中国 29 个省（区、市）面板数据进行计量分析，因西藏和新疆数据缺失较为严重，故未将其纳入分析。本文参考国内学术界通常采用的省际区划方法，将中国 29 个省（区、市）分为东部、中部和西部三大区域进行实证考察①。模型设定上遵照陈强的做法，设定参照系为西部地区，并引入中部、东部和南部地区为虚拟变量。具体模型如下：

$$\ln C_{it} = \beta_0 + \beta_1 \ln BPS_{it} + \delta D \times BPS_{it} + \alpha_m \sum_{j=1}^{m} X_{it} + \varepsilon_{it}(j = 1, 2\cdots, m) \quad (3)$$

其中：D 为引入的虚拟变量，其中将东部地区定义为 0，中部地区定义为 1。$D \times BPS_{it}$为虚拟变量与解释变量的交互项，其他变量均与模型（2）中的含义相同。本文采用静态面板回归模型对基本公共服务供给水平对居民消费影响的区域异质性进行实证检验。

（二）核心指标测度与变量选取

1. 核心指标的测度

基本公共服务供给水平涉及基础教育服务、社会保障与就业服务、基本医疗服务、公共文化服务和基础设施服务等多方面，目前还没有一个系统的评价体系对其进行测度，首先要构建一个符合实际、涉及面较广、评价比较科学的体系，从而反映公共服务供给水平的具体情况。本文借鉴王晓玲（2013）、辛聪聪（2019）、豆建民（2011）等人的研究，从基础教育服务、社会保障与就业服务、基本医疗服务、公共文化服务和基础设施服务这 5 个方面建立基本公共服务供给水平指标体系，通过筛选各省各项相关数据，本

① 东部地区包括北京、天津、河北、辽宁、上海、江苏、浙江、福建、山东、广东、海南 11 个省（市）；中部地区包括山西、吉林、黑龙江、安徽、江西、河南、湖北、湖南 8 个省；西部地区包括内蒙古、广西、重庆、四川、贵州、云南、陕西、甘肃、青海、宁夏、10 个省（自治区、直辖市）。

文结合实际情况及已有的研究，选择以下指标来测度基本公共服务供给水平，具体情况如表 1 所示。

表 1　　　　基本公共服务供给水平指标体系表

一级指标	二级指标
基础教育服务	地方财政教育财政支出（万元） 小学在校生数（万人） 初中在校生数（万人） 小学专任教师数（万人） 初中专任教师数（万人） 小学学校数（所） 初中学校数（所）
社会保障与就业服务	地方财政社会保障与就业财政支出（万元） 城镇基本养老保险参保人数（万人） 城镇基本医疗保险参保人数（万人）
基本医疗服务	地方财政医疗卫生财政支出（万元） 卫生技术人员数（万人） 医疗卫生机构数量（个） 床位数（万张）
公共文化服务	地方财政文化体育与传媒支出（万元） 艺术表演场馆机构数（个） 公共图书馆藏书量（万册）
基础设施服务	人均城市道路面积（平方米） 每万人拥有公共汽车数（台/万人） 移动电话普及率（部/百人） 人均技术市场成交额（元/人） 生活垃圾无害化处理率（%） 人均公共绿地面积（平方米） 人均居民生活用电量（千瓦/人）

通过表 1 可以看出，各个指标的单位差别很大，因此为了消除差异，我们采取了熵值法测算二级指标的权重，展开对基本公共服务供给水平的综合评价，计算出各地区 2011 ~ 2019 年每年的综合评价指数。具体步骤如下：

第一，设地区数为 m，评价指标数为 n，对数据进行无量纲化处理即标准化处理。具体标准化处理的过程为：首先，将 S_{ij} 表示为第 i 地区第 j 个指标的标准化数据，S_{ij} 用样本数减去样本期间所有地区第 j 个指标的最大值的差除以样本期间所有地区第 j 个指标的最大值与最小值的差。其次，对以上标准化数据进行比重 P_{ij} 计算，用样本数除以某评价指标下的所有地区的值求和。

第二，计算第 j 项指标的熵值 E_{ij}，计算方法为 P_{ij} 与 $\ln(P_{ij})$ 的乘积求和，同时乘常数 K 的相反数，其中常数用 $K=1/\ln(m)$ 来计算，使得 E_{ij} 的值在 0 ~ 1。其次，计算第 j 项指标熵值的信息效用价值 d_j 和权重 W_j，d_j 的计算方法为 1 减去熵值 E_{ij}，W_j 的计算方法为 d_j 占总 d_j 和的比重。W_j 即为本文所求的综合评价指数。

2. 变量选取

（1）将城乡居民消费支出作为被解释变量，本文采用居民人均消费支出作为城乡居民消费支出水平的度量指标。

（2）以基本公共服务供给水平作为核心自变量，本文将基础教育服务、社会保障与就业服务、基本医疗服务、公共文化服务、基础设施服务通过熵值法拟合成基本公共服务供给水平指标来考察其对城乡居民消费支出的影响。

（3）根据现有研究成果，本文选取了部分可能影响城乡居民消费支出的因素作为控制变量，主要有经济发展水平（范兆媛，2016）、财政支出规模（刘吕吉，2017）、城乡居民收入差距（洪源，2017；梁媛，2017；刘吕吉，2017）、市场化程度（刘吕吉，2017）、城镇化（王金营，2018；梁媛，2017；刘吕吉，2017）、CPI 消费价格水平（梁媛，2017；范兆媛，2016）和房地产依存度（许坤，2020）。经济发展水平是城乡居民消费的经济基础，经济越发达的地区，居民消费需求较为强烈，以各省人均 GDP 来衡量经济发展水平。财政支出规模用当年各省财政总额占 GDP 比重来衡量。城乡居民收入差距是通过城镇居民人均可支配收入除以农村居民人均纯收入计算得出。市场化程度是用除财政预算资金以及集体投资资金在内的公共部门投资在全社会固定资产投资总额中的占比来衡量。城镇化是经济发展的重要推手，是影响居民消费支出的重要力量，本文将城镇化率作为衡量城镇化水平的指标，用城镇常住人口占总人口的比重来衡量。消费价格水平用 CPI 即居民消费价格指数来衡量。房地产依存度用房地产投资在全社会固定资产投资总额中的占比来衡量。

（三）数据统计描述

本文所选数据主要是 2011 ~ 2019 年的省际面板数据。另外，由于西藏自治区、新疆维吾尔自治区有一些变量数据缺乏，本文实证研究部分的省级面板数据都剔除了西藏、新疆相关数据，一共包括了 29 个省自治区和直辖市的数据。在数据来源上，本文所用数据主要来源于相关年份的《中国统计年鉴》《中国财政年鉴》《中国人口统计年鉴》以及中经网数据库等，各变量的统计性描述结果如表 2 所示。由于本文面板数据中的样本截面个数较小，故不需要对面板序列数据进行单位根检验。

表 2　　变量说明和描述性统计

指标	变量	单位	平均值	标准差	最小值	最大值
ln 居民人均消费水平	LNC	/	9.6347	0.3882	8.7349	10.7199
基本公共服务供给水平	BPDS	/	0.2372	0.1196	0.045	0.6288
ln 人均 GDP	RGDP	亿元/人	5.4918	2.6709	1.6436	16.421
财政支出规模	FIN	/	0.2896	0.1533	0.1197	1.2133
城乡居民收入差距	INC	/	0.3863	0.0602	0.2513	0.5419
市场化程度	MRK	/	6.8147	1.9407	2.33	11.4
城镇化	URB	/	0.5799	0.1222	0.3496	0.896
房地产依存度	RED	/	0.2637	0.1168	0.0658	0.6179

表 2 为各主要变量的描述性统计结果。图 2 描绘的是基本公共服务水平与居民消费支出之间的二维散点图。可以直观看出，随着我国基本公共服务水平的提高，居民消费支出逐步提高，基本公共服务水平与居民消费支出呈现正相关关系。表明基本公共服务水平的提高是促进居民消费增加的重要因素。后文将会对这一关系进行进一步实证检验。

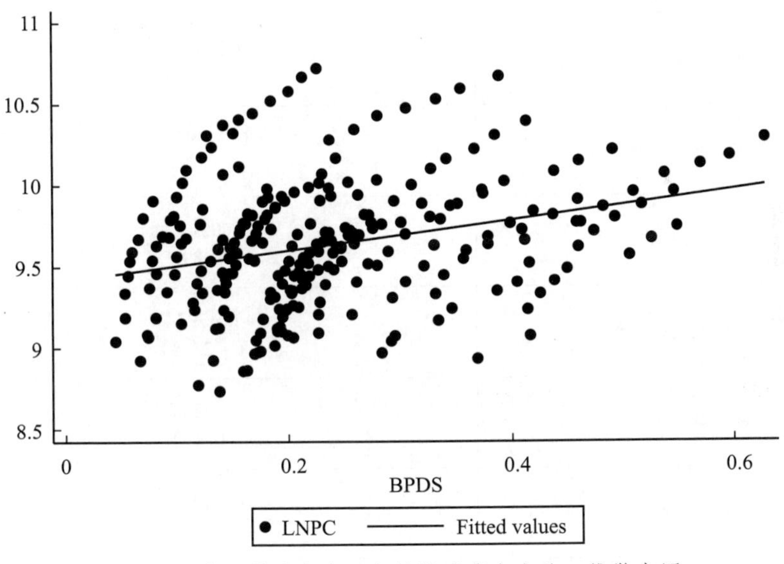

图 2　基本公共服务水平与居民消费支出的二维散点图

四、实证分析

（一）基本公共服务供给水平对城乡居民消费的影响分析

在回归方法上，表 3 为静态面板回归模型。本文通过 F 检验、Hausman

检验进行模型筛选。在 F 检验中，拒绝原假设，表明混合最小二乘法不适用，对模型进行固定效应和随机效应筛选。在 Hausman 检验中，拒绝原假设，表明随机效应不适用，最终选择固定效应模型。从表 3 可以看出，P 值小于 0.05，通过了 F 检验，R^2 接近 1，表明估计结果显著。模型（1）为动态面板回归模型，为克服普遍存在的内生性问题，本文采用两阶段系统 GMM 方法进行估计，工具变量选取解释变量滞后项，检验结果将给出并得出 AR（1）的统计量和 Hansen 检验统计值。此外，为保证回归结果的稳健性，本文将使用稳健的 Robust 进行估计，得到调整后的异方差稳健标准误。为了规避变量间的内生性问题，本文采用动态面板数据模型中的系统 GMM 进行逐步回归分析，探究基本公共服务供给水平对居民消费支出的影响。回归结果如表 4 所示。通过检验结果可以看出，AR（1）检验的 p 值小于 0.1，说明不存在残差项的二阶序列相关，Hansen 检验 P 值大于 0.05，这说明模型内不存在过度识别问题，选取的工具变量是较为有效的，因此可以做系统 GMM 回归。

表 3　　实证结果

变量	居民消费支出
城乡居民消费差距滞后一期	0.7558*** (12.22)
基本公共服务供给水平	0.3139*** (3.93)
人均 GDP	0.0013* (1.89)
财政支出规模	-0.1397*** (-2.78)
城乡居民收入差距	0.0260 (0.19)
市场化率	0.0125*** (8.64)
城镇化率	0.6623** (2.35)
房地产依存度	0.1127*** (6.00)
常数项	1.8676*** (4.72)

续表

变量	居民消费支出
R - squared	0.9837
F 检验	23415.96
Hausman 检验	143.5
P 值	0.0000
N	232
采用模型形式	固定效应

注：括号中的数值为对应系数的 t 统计值，***、**、* 分别表示通过 1%、5%、10% 的显著性水平。

表 4　　　　系统 GMM 估计结果

变量	模型 1	模型 2	模型 3	模型 4	模型 5	模型 6
城乡居民消费差距滞后一期	0.5454*** (6.7)	0.4999*** (6.06)	0.5897*** (8.37)	0.4815*** (5.80)	0.4591*** (5.62)	0.4491*** (5.27)
基本公共服务供给水平	0.2179 (1.46)	0.2684* (1.84)	0.2685* (1.95)	0.1650 (1.30)	0.1092 (1.04)	0.1110 (1.04)
人均 GDP	-0.0025 (-0.84)	-0.0069** (-1.97)	-0.0049** (-2.00)	-0.0023 (-1.11)		
财政支出规模		-0.3914*** (-3.27)	-0.2630*** (-3.03)	-0.1705** (-2.09)	-0.1571*** (-2.06)	-0.1780** (-2.39)
城乡居民收入差距			0.9769*** (8.37)	0.7099*** (5.13)	0.6562*** (4.60)	0.6693*** (4.70)
市场化率					0.0039 (0.78)	
城镇化率				0.6432*** (3.83)	0.8356*** (4.48)	0.8251*** (4.41)
房地产依存度				-0.6057 (-1.12)	0.1366*** (2.44)	0.1312*** (2.37)
常数项	4.6970*** (5.68)	5.2752*** (6.18)	3.9620*** (5.49)	4.5917*** (5.92)	4.5485*** (6.28)	4.6962*** (6.22)
R - squared	0.9954	0.9957	0.9967	0.9968	0.9969	0.9969
AR（1）检验	0.0000	0.0000	0.0000	0.0000	0.0000	0.0000
Hansen 检验	0.8736	0.6634	0.7730	0.7141	0.7303	0.6638

注：括号中的数值为对应系数的 t 统计值，***、**、* 分别表示通过 1%、5%、10% 的显著性水平。

根据回归结果可以看出，静态面板回归模型与动态面板回归模型都显示基本公共服务供给水平对居民消费支出的影响为正，与前文假设 1 相符合。通过表 3、表 4 中模型 1 ~ 模型 6 可以看出，基本公共服务供给水平的系数为正值，因此提高基本公共服务供给水平能够促进居民消费。这是因为我国基本公共服务供给水平提高，能够很大程度上影响居民的消费预期。基本公共服务供给为居民对于未来收入的不确定性提供了保障，使居民可以没有后顾之忧，从而减少储蓄、增加消费。由于当前我国农村消费潜力巨大，提高基本公共服务供给水平，就会增加对农村地区的教育，社会保障，医疗，交通设施等方面的财政支出，这就可以提高农村地区整体的消费水平，从而促使城乡居民整体消费水平的提高。同时随着我国教育的财政支出增加，人力资本水平也会得到提升，从而使居民的整体素质提高，收入水平也随着增加；收入是影响居民消费的最主要因素，收入提高势必会促进消费水平的提高。通过表 3、表 4 中模型 1 ~ 模型 6 可以看出，居民消费支出滞后一期的系数为正值，且接近于 1，说明上一期居民消费支出对当期消费支出是正的影响，主要是因城乡居民消费支出的变化是在长期发展的过程中形成的，根据杜森贝利的消费理论，由于惯性，消费不可能短期内明显改变，其势必会对下一期的居民消费产生较大影响。通过表 3、表 4 中模型 1 ~ 模型 4 可以看出，人均 GDP 对于居民消费支出的影响在静态面板模型和动态面板模型中有所不同，但是估计结果都相对不显著，可能是因为在我国 GDP 核算里包含居民消费比重较小，GDP 对于居民消费的影响属于间接影响。通过表 3、表 4 中模型 2 ~ 模型 6 可以看出，财政支出规模的系数显著为负，说明财政支出规模的扩大会刺激居民消费，这可能是政府财政支出的重要一部分就是民生性支出，政府财政支出投向教育，社会保障，医疗，交通设施等领域，这种转移支付的方式不仅为居民生活提供了保障，而且缩小了城乡居民消费差距，从而刺激整体消费。通过表 3、表 4 中模型 3 ~ 模型 6 可以看出，城乡居民收入差距的系数为正，这与以往学者们研究的结果有所不同，可能是由于基本公共服务供给的偏城市化，导致政府财政支出更倾向于城市地区，间接地提高了城镇居民收入水平，从而进一步拉大了城乡居民收入差距，但是城镇居民消费的增加速度要快于农村居民，因此就会出现城乡居民收入差距扩大，但是消费支出增加的现象。由此可以看出，当前基本公共服务的供给不仅是规模问题，更主要是结构性的问题，即基本公共服务非均等化的问题。通过表 3、表 4 中模型 5 可以看出，市场化率与居民消费支出呈正相关，说明市场化水平越高，越能够刺激居民消费。城镇化率与居民消费支出呈现显著的正相关关系，说明城镇化水平提高会促进居民消费的增加。通过表 3、表 4 中模型 4 ~ 模型 6 可以看出，城镇化不仅仅是城镇居民人口比重的变化，更是农村流动人口市民化的过程，只有流入城镇的农民获得了与城镇居民同等的教育、医疗、社会保障等一系列权益，才是真正实现了城镇化，才能够促进居民消费水平的提高。通过表3、表4 中模型4～模型6 可以看出，房地产依存度与居民消费支出呈正相关，说明房地产依存度越高，越能够刺激居民消费。但是房地产依存度对居民消费的影响相对较小。

（二）不同地区基本公共服务供给水平对城乡居民消费影响的异质性分析

由于我国东中西部经济发展水平不同，所以不同地区的基本公共服务供给水平对居民消费支出的影响也有一定差异。本文采用静态面板回归模型对不同地区的基本公共服务供给水平对居民消费支出的影响进行参数估计，通过 Hausman 检验进行模型筛选后，最终选择固定效应模型，回归结果如表 5 所示。

表 5　分地区回归结果

变量	居民消费支出
西部基本公共服务供给水平	2. 0999 *** (9. 55)
东部基本公共服务供给水平	-1. 3889 *** (-7. 34)
中部基本公共服务供给水平	-0. 8454 *** (-4. 33)
人均 GDP	0. 0496 * (6. 40)
财政支出规模	-0. 411 (-5. 08)
城乡居民收入差距	0. 6976 *** (2. 03)
市场化率	-0. 0144 *** (-1. 39)
城镇化率	2. 5986 *** (11. 10)
房地产依存度	-0. 2226 *** (-1. 61)
常数项	7. 5671 ** (53. 68)

续表

变量	居民消费支出
R - squared	0.9007
Hausman 检验	143.5
P值	0.0000
采用模型形式	固定效应

注：括号中的数值为对应系数的t统计值，***、**、*分别表示通过1%、5%、10%的显著性水平。

我国东中西部地区在经济发展水平上有所不同，提高基本公共服务水平对于促进居民消费的作用也不尽相同。表5采用固定效应（FE）和随机效应（RE）分别对模型（3）进行参数估计，并运用豪斯曼检验进行模型选择，最终采用固定效应进行估计。东部、中部的基本公共服务供给水平系数都显著为负，且东部地区基本公共服务供给水平系数绝对值大于1，说明随着东部和中部地区基本公共服务供给水平的提高，居民消费支出会被抑制，这可能是由于东部和中部地区经济发展水平较高，教育、医疗、社会保障、基础设施建设等相对完善，投入更多的基本公共服务供给对于消费的刺激作用并不明显，而且对于东中部更多的财政支出投入还会加大东中西部居民的收入差距，从而进一步扩大消费差距。西部地区基本公共服务供给水平系数显著为正，可能是因为西部地区经济发展水平较低，基本公共服务供给相对不完善，因此基本公共服务供给水平的提高对与刺激居民消费的作用相对东部，中部地区要高很多。总体来说，由于地区间经济发展状况存在差异，我国各区域基本公共服务供给水平刺激消费的作用也存在差异，经济发展水平越低的地区，基本公共服务供给水平刺激作用也越强，这验证了假说2。

五、研究结论与政策建议

在“双循环”背景下，促进城乡基本公共服务均等化，提高城乡居民整体消费意愿，缩小城乡消费差距是我国推进乡村振兴，促进城乡融合发展的重要一步，也是促进我国经济高质量发展的关键一环。本文分析了基本公共服务供给水平对城乡居民消费差距的影响机理，并基于中国各省（市、自治区）2011~2019年的面板数据，在测算基本公共服务供给综合指数的基础上，利用系统GMM和固定效应模型，检验了基本公共服务供给水平对城乡居民消费差距的影响。系统GMM的结果表明，基本公共服务供给水平对城乡居民消费差距有着显著的负向作用，提高基本公共服务水平可以有效缩小城乡居民消费差距。固定效应的结果表明，基本公共服务供给水平的提高，对于西部地区缩小城乡居民消费差距的作用大于中部和东部。基于此结论，提出以下对策建议：

（一）促进基本公共服务供给向农村地区倾斜，降低农村居民的生产及生活成本，加快推动乡村振兴战略的实施

要想破除城乡基本公共服务供给不均衡的问题，就需要从国民收入分配格局出发，保证二次分配的公平性。政府应积极变革公共财政支出结构与转移支付制度，将公共资源配置、社会保障、公共财政支出等向农村地区倾斜，不断缩小农村基本公共服务供给总量不足和结构失衡所带来的负面影响，从而逐步缩小城乡差距。同时，基本公共服务供给水平在东中西部有较大差距，所以要因地制宜地实施基本公共服务供给政策，对于医疗水平较低的地区，加大对其卫生医疗方面的财政支出，不断补齐各地发展短板，加快推动乡村振兴战略的实施。

（二）完善政府考核指标，弱化基本公共服务的城市偏向

为了规避由于经济竞赛所带来的基本公共服务城市偏向，就需要将政府职能由经济管理型转变为公共服务型，逐步构建起一个以基本公共服务均等化为核心的政府官员考核指标体系，增加农村地区公共服务供给的考核权重，不断提高官员对于农村基本公共服务供给的责任，为缩小城乡差距提供政策保障。以民众满意度为地方官员绩效考核的价值导向，让政府公共服务的对象，也就是公众对政府施政的满意度纳入官员的考核过程。同时，强调提升农村公共服务水平，重点是解决基本公共服务供给的结构性问题。因此要因地制宜，精准施策，不断推动基本公共服务均等化。

（三）提高农村居民收入水平与消费意愿

在后疫情时期，全球经济更加脆弱，经济发展格局发生转变，那么“双循环”成为我国当前主要的发展战略。“双循环”发展不仅要扩内需，更重要的是要完善我国的分配制度。我国城乡居民消费差距一直居于高位，因此提高农村居民收入水平与消费意愿是我国经济发展的关键。想要提高农村消费，就要提高农村居民收入和社会保障，随着城镇化的发展，农村居民面临更多的消费选择，但如果保障不足，农村消费升级的愿望将难以释放。同时，要推动电子商务向广大农村地区延伸覆盖，畅通城乡双向联动销售渠道，促进线下产业发展平台和线上电商交易平台结合，鼓励和支持消费新业态、新模式向农村市场拓展。推动具备条件的乡镇将商贸物流与休闲农业、乡村旅游、产品加工等有机结合，不断为农村地区创造良好的消费环境，促进城乡居民消费差距逐步缩小。

参考文献

[1] 常文涛:《财政基础公共服务支出对城乡居民消费差距的效应检验》，载《学习与探索》2020 年第 3 期。

[2] 马泽波:《基本公共服务供给水平对城乡居民消费差距的影响——基于中国省际面板数据的实证检验》，载《云南农业大学学报（社会科学)》2019 年第 5 期。

[3] 熊素宜、周婷:《产业结构升级对城乡消费差距的影响机理与实证检验》，载《商业经济研究》2018 年第 22 期。

[4] 吕承超、徐仲、魏琼琼:《社会保障支出对城乡居民消费差距的门槛效应——基于地区差异与支出结构的分析》，载《中南财经政法大学学报》2018 年第 2 期。

[5] 焦健:《民生性财政支出对城乡居民消费差距的影响》，载《湖南财政经济学院学报》2017 年第 4 期。

[6] 王晓玲:《我国省区基本公共服务水平及其区域差异分析》，载《中南财经政法大学学报》2013 年第 3 期。

[7] 辛冲冲、陈志勇:《中国基本公共服务供给水平分布动态、地区差异及收敛性》，载《数量经济技术经济研究》2019 年第 8 期。

[8] 豆建民、刘欣:《中国区域基本公共服务水平的收敛性及其影响因素分析》，载《财经研究》2011 年第 10 期。

[9] 范兆媛、周少甫:《城镇化与人口年龄结构对居民消费的影响》，载《城市问题》2016 年第 10 期。

[10] 刘吕吉、申经宇:《福利性财政支出对城乡居民消费差距的影响》，载《首都经济贸易大学学报》2017 年第 3 期。

[11] 洪源、吕鑫、李礼:《跨越中等收入陷阱约束下民生财政对居民消费存在门槛效应吗?》，载《中央财经大学学报》2017 年第 5 期。

[12] 梁媛:《城镇化、老龄化背景下的民生财政与居民消费》，载《北京理工大学学报(社会科学版)》2017 年第 3 期。

[13] 马广程、许坚:《消费升级、收入分配与产业全要素生产率提升——基于省级动态面板数据》，载《管理现代化》2020 年第 3 期。

[14] 余素芳、陈靖:《我国省际消费水平的收敛性及其影响因素分析》，载《商业经济研究》2019 年第 22 期。

[15] 王虎邦、刘伟江、胡子毓:《居民杠杆、消费升级与经济平稳增长》，载《现代经济探讨》2019 年第 4 期。

[16] 朱勤、魏涛远:《中国人口老龄化与城镇化对未来居民消费的影响分析》，载《人口研究》2016 年第 6 期。

[17] 陈强:《高级计量经济学及 Stata 应用》，高等教育出版社 2010 年版。

The Impact of Basic Public Service Supply Level on Residents' Consumption Expenditure Under the background of "Dual circulation"

Yunbiao Xiong　Zixuan Zhang　Xiaozong Cheng

Abstract: Under the background of "Dual circulation", expanding domestic demand and narrowing the consumption gap between urban and rural residents is an important part of my country's high-quality economic development. The supply level of urban and rural basic public services directly and indirectly affects the consumption willingness of urban and rural residents, and the unequalization of urban and rural basic public services has led to a further expansion of the consumption gap between urban and rural residents. Based on this background, it specifically analyzes the mechanism of the impact of urban and rural public service supply on the urban-rural income gap, and uses dynamic panel regression models and fixed effects models to examine the impact of urban and rural basic public service supply levels on the consumption gap between urban and rural residents. The research finds: The increase in the supply of basic public services will narrow the gap between urban and rural consumption. In the research based on regional heterogeneity, it is found that the increase in the supply of basic public services has a greater effect on narrowing the consumption gap between urban and rural residents in the western region than in the central and eastern regions. Therefore, the government should pay more attention to the optimization of fiscal expenditure structure and regional balance, and continuously improve the level of social security and income in rural areas, so as to gradually narrow the consumption gap between urban and rural residents.

Keywords: Dual circulation; supply of basic public services; consumption gap between urban and rural residents

新型城镇化包容性发展驱动因素及影响效应研究*

杨飞虎　王晓艺

摘　要：基于2004~2017年我国30个省份数据，通过熵权-均值标准化法和空间计量模型，研究发现我国新型城镇化包容性发展水平在时间上呈现上升趋势，在空间上存在明显的分异现象，关键驱动因素是资本投入、劳动投入、科技进步、资源禀赋、政策制度等。具体表现为：第一，新型城镇化包容性发展水平存在显著的空间溢出效应。短期内，地方政府的竞争因素导致其空间溢出效应为负；长期内，由于消除阻碍新型城镇化发展的体制机制因素，导致其空间溢出效应为正。第二，在显著影响新型城镇化包容性发展水平提升的驱动因素中，城镇就业人数、人均外商投资总额、人均技术市场成交额是关键的正向驱动因素，而人均煤消费量、人均城建面积则是主要的负向驱动因素。因此，为进一步提升新型城镇化包容性发展水平，应当从优化投资结构、完善就业政策、积极推动科技进步、大力提高资源利用效率等方面不懈努力。

关键词：新型城镇化　包容性发展水平　驱动因素　空间计量模型

一、问题的提出

我国城镇化率从1978年的17.92%上升到2019年的60.60%，在很大程度上推动了经济发展，但城镇化进程中诸多非包容性现象频发，如自然资源短缺、生态环境遭到破坏、生产要素配置失衡、社会矛盾日益激化，导致了城镇化非健康发展。党的十九大报告确立了“贯彻新发展理念，建设现代化经济体系”的目标，强调“实施区域协调发展战略”，为新型城镇化质量全面提升指明方向。国家发展改革委先后印发《2019年新型城镇化建设重点任务》《2020年新型城镇化建设和城乡融合发展重点任务》，进一步加快了新型城镇化包容性发展的步伐。新型城镇化的核心内涵是高效、包容和可持续发展，在当前严峻的国际国内形势下，推动新型城镇化包容性发展是推动经济双循环发展格局的重要抓手，习近平总书记在《国家中长期经济社会发

* 作者简介：杨飞虎（1972~），安徽临泉人，教授，博士生导师，经济学博士，研究方向：宏观经济理论、投资经济理论，电子邮箱：yfh168@sina.com；王晓艺（1995~），女，河南驻马店人，博士研究生，研究方向：投资经济研究。

基金项目：国家自然科学基金项目：新型城镇化建设中公共投资效率评估及效率提升机制研究（批准号71764010）。

展战略若干重大问题》中明确指出："要完善城市化战略……使城市更健康、更安全、更宜居"。如何客观科学地构建新型城镇化包容性发展水平评价体系并进行测度？在我国新型城镇化包容性发展水平的众多驱动因素中，资本投入、劳动投入、科技进步、资源禀赋和政策制度等要素具有怎样的作用机理？这些是当前新型城镇化包容性发展中应该重视和解决的关键问题。

近年来，国内外学者开始基于包容性视角探究城镇化发展相关问题。1997 年印度学者克里斯汉提出了包容式创新的概念，随后"包容性创新"这一概念引申到经济领域，包容性增长、包容性发展的理念相继提出并应用广泛。将包容性理念引进新型城镇化进程有助于促进城市化进程中的机会增加和机会平等（Ali，2007），包容性的城市规划能提高地区居民的健康水平，实现城市的健康可持续发展（Malhotra，2010），包容性的战略与方法利于推行科学合理的城市规划进而促进城市发展（Hansen and Harder，2011）[1-3]。在国内，何景熙（2011）提出包容性发展是新型城镇化的未来发展方向，并认为要实现包容性发展必定需要城市的有序性、社会资源的重新整合[4]。张明斗和王雅莉（2012）通过对新型城市化道路包容性发展的作用机理和包容性内核的诠释，提出实现我国新型城市化道路包容性发展的优化路径[5]。刘洋（2013）从内核、要求、依托和保障四维度着手，提出了我国城镇化包容性发展的路径设计和战略选择[6]。关国才（2015）通过分析我国应选择新型城镇化包容性发展战略，构建新型城镇化包容性发展综合指标体系，并进行定量评价新型城镇化包容性发展的程度[7]。周阳敏（2016）在大量调研访谈案例基础上，运用制度资本理论，探究新型城镇化包容性发展模式[8]。

学者们对新型城镇化进程中包容性发展的驱动因素进行了有效研究。张明斗和王雅莉（2016）认为产业结构、公共规制、空间集聚、市场化及基础设施是我国城市化包容性发展的驱动因素。马远（2016）构建了涵盖城市包容质量的城镇化质量测度体系，并实证分析了城镇化质量系统中的各子系统与城市包容质量子系统的耦合关系[9]。田逸飘等（2017）通过构建科技创新与新型城镇化包容性发展的耦合协调度评价指标体系，分析了我国科技创新与新型城镇化包容性发展的耦合协调度[10]。曾智洪（2017）认为建立以包容性制度创新为导向的新型城镇化制度体系，是推动新型城镇化合理有序、科学理性发展的基本前提、源泉和有力保障[11]。晏朝飞和杨飞虎（2018）采用空间计量模型研究分析发现生产性、社会性公共投资是城镇化包容性发展的核心驱动因素[12]。于伟等（2018）将"包容性"理念引进我国城镇化发展规划中，解析了城镇化包容性发展的内涵，并构建测评指标体系[13]；随后从包容性视角探究城镇化质量与资源利用之间的协调性及其影响因素，发现城市行政等级与经济发展水平正向影响城镇化质量与资源利用的协调性[14]。罗知等（2018）基于理论模型与我国实证相结合，提出我国基础设施建设的增长，带来了城乡联通，同时工业化的极大进步，创造就业机会，推动城镇化包容性发展[15]。李泽众和沈开艳（2019）基于空间杜宾模型，分析了环境规制对新型城镇化水平的影响及其空间溢出效应，提出环境规制作为新型城镇化包容性发展的新的驱动因素[16]。赵磊和方成（2019）认为国家政策供给、要素市场配置、产业结构转型、经济系统开放和科技创新能力直接影响新型城镇化包容性发展[17]。

就现有文献来看，依然存在以下两点不足：一是尚有不少文献未能全面把握新型城镇化包容性发展的内涵；二是目前尚无文献纳入空间因素考虑新型城镇化包容性发展的动力机制。本文的创新之处在于两个方面：一是构建了新型城镇化包容性发展评价体系，利用熵权——均值标准化法进行了合理测度，加强了国内该领域的研究；二是基于静态和动态空间计量模型，探究资本投入、劳动力、科技进步、资源禀赋、政策制度等要素对新型城镇化包容性发展水平的支持影响及空间效应，将理论研究和实证检验的内涵及外延进行了拓展，丰富了国内该领域的研究内容与方法。

二、新型城镇化包容性发展及其驱动因素

（一）新型城镇化包容性发展

新型城镇化的理论内涵至少包括人文、和谐、包容及可持续，新型城镇化包容性发展是注重"人的城镇化"，强调"以人为本"，是城镇化经济、社会、生态、人居等系统良性运行的动态过程。城镇化包容性发展的本质应包括发展起点各个主体机会均等，发展过程中经济社会、资源环境平衡协调，发展目的达到城乡共享成果（于伟等，2018）[14]。

包容性发展作为我国城镇化战略的新选择，是在反思城镇传统发展模式中出现的非包容性问题的基础上提出的，目标是实现城镇化由简单的人地扩张向综合质量提升的转型。因此，将新型城镇化包容性发展定义为让所有社会成员均能够公平公正地参与到新型城镇化建设中去，并将发展成果惠及所有人，最终实现人口、经济、社会、城乡、生态全方位多领域协调可持续发展。这其中人口包容发展是本质要求、经济包容发展是核心关键、社会包容发展是基本保障、城乡包容性发展是重要目标、生态包容性发展是约束条件。人口包容性发展是指新型城镇化进程中人口数量提升逐渐向人口质量优化的过程，具体体现在城镇人口占比的增加、劳动就业结构的转变，人口素质的提升等多方面。经济包容性发展是指新型城镇化进程中经济高速发展转变到高质量发展的过程，具体体现在经济增长、产业结构升级、开放水平提升以及市场环境改善等多方面。社会包容发展是实现新型城镇包容性发展的基本保障，体现在公共服务人人共享、基础设施高度完善。城乡包容性发展

是指新型城镇化进程中城乡协调发展的过程，其核心在于城乡消费收入差距的缩减、城乡联系加强。生态包容性发展是指新型城镇化进程中生态环境改善的过程，具体表现在资源的集约使用、环保技术的提升以及环境承载能力的加强等方面。

（二）新型城镇化包容性发展驱动因素

城镇化理论表明，城镇发展与国家经济发展政策、外向型经济和微观实体经济的内生发展能力等因素密切相关（熊湘辉和徐璋勇，2018）[18]。国内研究中，城镇化动力多以政府为主导、市场为辅的视角，但本文认为实现新型城镇化包容性发展的关键是多种投入要素的共同动力作用。推动城镇化包容性发展不仅与资本量、劳动力、资源禀赋等供给侧要素投入密切相关，科技进步、国家经济发展政策等也是推动新型城镇化包容性发展水平提升的重要推手。因此，本文将新型城镇化包容性发展动力机制归纳为资本、劳动力、科技进步、资源禀赋、国家发展政策，并对其作用机制进行路径分析（见图 1）。

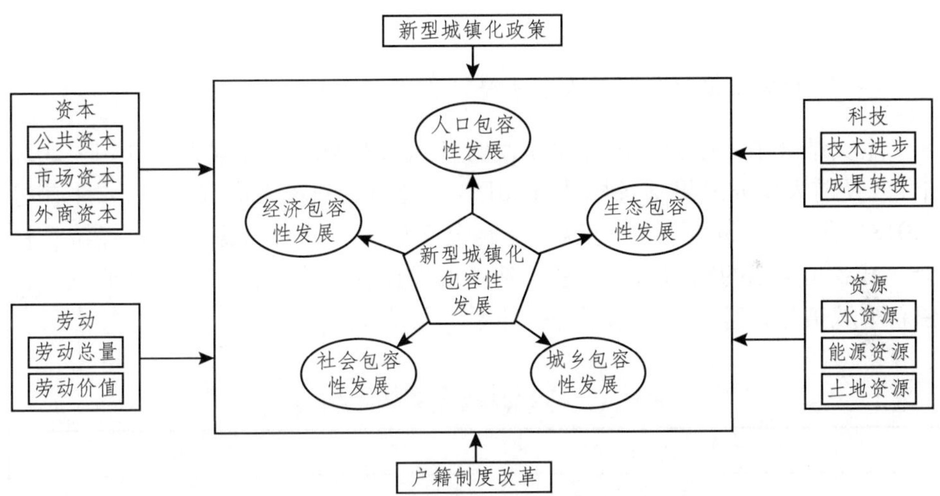

图 1　我国新型城镇化包容性发展驱动因素作用图

从资本驱动力来说，新型城镇化包容性发展离不开政府对生产性、社会性公共项目的资金支持，市场化进程的推进带来资源配置效率的提升，外商资金流入除本身所有的资本效应，还给国内本土企业带来了先进技术、管理理念等“技术效应”。故城镇公共资本、非国有资本的投入及外商投资的增加有利于推动新型城镇化人口、经济、社会、城乡、生态包容性发展，对新型城镇化包容性发展具有正向影响。从劳动力驱动力来说，就业乃民生之本，城镇劳动就业人数的增加有助于人口包容性发展。就业增长所带来人力资本价值的提高进一步推动经济发展、社会安稳。由于城镇劳动就业人数的增加部分源于农村人口向城镇聚集，此进程促进城乡更加紧密联系，推动城乡包容性发展，对新型城镇化包容性发展具有深远的正向影响。从科技驱动力来说，科技进步及成果转换应用在推动经济高效创新发展、智能智慧城市的建设中发挥着重要作用，对新型城镇化包容性发展具有正向影响。从资源要素上来讲，资源禀赋投入要素中，水、土地、能源等自然资源的供给越丰富，越有利于满足新型城镇化建设过程中各类资源的需求，有利于推动新型城镇化包容性发展；但煤炭资源的过多耗用，反映能源消费结构的不合理且造成生态环境污染，不利于生态包容性发展。空间粗放外扩、农民耕地面积的快速减少对新型城镇包容性发展具有负向影响。从国家政策制度来讲，我国积极推行新型城镇化政策，全方位积极推动户籍制度改革，深远影响着城乡人口布局的改变，对整个经济、社会产生巨大影响，有利于新型城镇化包容性发展。上述五个驱动因素相互联动、协同发力，有力地促进新型城镇化包容性发展水平的持续提升。

三、新型城镇化包容性发展水平测度及空间相关性检验

（一）新型城镇化包容性发展水平评价体系的构建

本文结合中共中央、国务院印发的《国家新型城镇化规划（2014～2020年）》及前人研究成果（关国才（2015）、晏朝飞和杨飞虎（2018）、于伟等（2018）等），从新型城镇包容性内涵定义出发，综合考虑人口、经济、社会、城乡与生态的动态内在关系，基于可操作性、代表性、系统性原则，构建新型城镇化包容性发展水平评价体系（见表1）。

表1 新型城镇化包容性发展水平评价体系

	准则层	要素层	指标层	单位	
新型城镇化包容性发展水平综合指标体系	人口包容性发展	人口数量	人口城镇化率	（%）	正
		人口就业	城镇登记失业率	（%）	负
			第三产业就业率	（%）	正
			城镇就业率	（%）	正
		人口素质	受教育年限	（年）	正
			高等学校在校人数占比	（%）	正
	经济包容性发展	经济发展	人均GDP	（万元/人）	正
			第三产业产值占GDP比	（%）	正
			产业结构		正

续表

	准则层	要素层	指标层	单位	
新型城镇化包容性发展水平综合指标体系	经济包容性发展	开放水平	外商直接投资占 GDP 比重	（%）	正
			进出口总额占 GDP 比重	（%）	正
		市场化水平	非国有经济投资占比	（%）	正
			市场化指数	（%）	正
		创新发展	R&D 经费支出占 GDP 比例	（%）	正
	社会包容性发展	公共服务	人均授权量	（项/万人）	正
			人均教育投资存量	（万元/人）	正
			单位建成区面积实现 GDP	（元/平方公里）	正
			人均卫生等投资存量	（平方米）	正
			医疗保险覆盖率	（%）	正
			养老保险覆盖率	（%）	正
		基础设施	人均城市道路面积	（%）	正
			每万人拥有公共交通车辆	（标台）	正
			人均医疗卫生机构床位	（个/万人）	正
			人均城市道路照明灯	（盏/万人）	正
			用水普及率	（%）	正
			燃气普及率	（%）	正
	城乡包容性发展	城乡差距	城乡收入差距泰尔指数		负
			城乡消费差距泰尔指数		负
			城乡医疗支出之比	（%）	负
			城乡文娱支出之比	（%）	负
			城镇恩格尔系数	（%）	负
			农村恩格尔系数	（%）	负
		城乡联系	公路密度	（%）	正
			人均客运周转量	（次/万人）	正
	生态包容性发展	资源能耗	单位 GDP 电耗	（千瓦时/元）	负
			单位 GDP 废水排放总量	（吨/万元）	负
			单位 GDP 二氧化硫排放量	（吨/万元）	负
		环境保护	生活垃圾无害化处理率	（%）	正
			森林覆盖率	（%）	正
			人均公园绿地面积	（平方米/人）	正
			城市人口密度	（人/平方公里）	负

（二）我国各省份新型城镇化包容性发展水平综合测度

选取2004～2017年我国30个省、自治区、直辖市（以下简称为省份。因考虑到指标选取的代表性及相关数据的可获取性，本文不包括西藏、香港、澳门和台湾地区）为研究对象，由于对指标进行主观性打分容易受到客观因素影响，从而造成评价结果与实际具有较大的偏差性，本文通过能够克服人为主观性的熵权法来客观地确定指标层的权重，将所有原始数据进行均值标准化以消除量纲差异，基于熵权—均值标准化法，确定各省份新型城镇化包容性发展水平的综合得分（见表2）。数据来源于2004～2017年《中国城市统计年鉴》《中国人口和就业统计年鉴》《中国统计年鉴》和30个省份的统计年鉴，部分数据根据统计年鉴中的原始数据加工整理获得。

表2　　　　我国新型城镇化包容性发展水平一览表

省份	2004年	2005年	2006年	2007年	2008年	2009年	2010年	2011年	2012年	2013年	2014年	2015年	2016年	2017年
北京	2.051	2.110	2.218	2.291	2.480	2.501	2.801	3.044	3.293	3.582	3.833	4.236	4.358	4.579
天津	1.519	1.587	1.738	1.814	1.835	1.786	1.935	2.048	2.304	2.494	2.547	2.927	3.012	3.091
河北	0.816	0.860	0.887	0.919	0.944	0.960	1.008	1.046	1.096	1.141	1.173	1.283	1.319	1.383
辽宁	1.127	1.148	1.207	1.259	1.315	1.324	1.396	1.455	1.525	1.565	1.557	1.606	1.609	1.652
上海	1.956	2.047	2.208	2.437	2.413	2.592	2.925	2.946	3.024	2.961	3.011	3.247	3.309	3.568
江苏	1.200	1.284	1.396	1.552	1.634	1.908	2.267	2.702	3.210	3.042	2.802	3.192	3.105	3.149
浙江	1.281	1.377	1.551	1.695	1.829	2.083	2.403	2.599	3.196	3.347	3.250	3.713	3.606	3.562
福建	1.086	1.135	1.185	1.226	1.248	1.298	1.431	1.543	1.711	1.845	1.889	2.232	2.330	2.417
山东	0.904	0.924	1.035	1.102	1.158	1.212	1.341	1.418	1.550	1.598	1.605	1.766	1.820	1.882
广东	1.460	1.518	1.576	1.707	1.714	1.801	2.009	2.098	2.257	2.358	2.407	2.698	2.780	3.199
海南	0.933	0.915	0.945	1.398	1.354	1.321	1.096	1.316	1.395	1.400	1.448	1.286	1.363	1.417
东部	1.303	1.355	1.450	1.582	1.629	1.708	1.874	2.020	2.233	2.303	2.320	2.562	2.601	2.718
山西	0.817	0.855	0.906	0.944	0.946	0.961	1.013	1.047	1.106	1.160	1.171	1.200	1.230	1.232
内蒙古	0.797	0.898	0.888	0.919	0.943	0.997	1.040	1.078	1.169	1.229	1.268	1.340	1.390	1.408
吉林	0.860	0.878	0.914	0.949	0.967	0.997	1.040	1.119	1.200	1.246	1.277	1.352	1.380	1.414
黑龙江	0.780	0.829	0.958	0.972	1.018	1.045	1.131	1.217	1.348	1.379	1.335	1.398	1.400	1.432
安徽	0.684	0.715	0.769	0.816	0.834	0.919	1.023	1.212	1.353	1.435	1.470	1.586	1.612	1.626
江西	0.861	0.896	0.963	0.999	1.029	1.049	1.090	1.142	1.190	1.236	1.303	1.457	1.566	1.618
河南	0.805	0.872	0.892	0.921	0.954	0.971	1.027	1.073	1.140	1.205	1.250	1.373	1.419	1.510
湖北	0.803	0.858	0.918	0.957	0.994	1.054	1.130	1.171	1.273	1.337	1.375	1.483	1.542	1.642

续表

省份	2004年	2005年	2006年	2007年	2008年	2009年	2010年	2011年	2012年	2013年	2014年	2015年	2016年	2017年
湖南	0.764	0.816	0.887	0.937	0.956	0.980	1.043	1.084	1.173	1.215	1.266	1.382	1.415	1.531
中部	0.797	0.846	0.899	0.935	0.960	0.997	1.060	1.127	1.217	1.271	1.302	1.397	1.439	1.490
重庆	0.862	0.914	0.980	1.019	1.046	1.142	1.229	1.360	1.510	1.626	1.693	1.947	2.035	1.947
广西	0.757	0.797	0.852	0.854	0.871	0.921	0.959	0.983	1.033	1.042	1.133	1.210	1.256	1.342
四川	0.771	0.867	0.916	0.964	0.998	1.084	1.202	1.190	1.317	1.371	1.404	1.514	1.560	1.600
贵州	0.850	0.902	0.913	0.932	0.913	0.898	0.927	0.945	0.990	1.060	1.091	1.166	1.157	1.260
云南	0.721	0.754	0.799	0.881	0.876	0.913	0.957	0.984	1.056	1.055	1.094	1.147	1.192	1.267
陕西	0.956	1.000	1.104	1.128	1.150	1.214	1.291	1.362	1.474	1.604	1.674	1.838	2.082	1.959
甘肃	0.894	0.932	0.881	0.905	0.896	0.934	0.965	0.994	1.051	1.084	1.113	1.174	1.239	1.297
青海	0.855	0.896	0.957	0.956	0.942	0.946	0.962	1.066	1.092	1.105	1.145	1.216	1.251	1.325
宁夏	1.004	1.063	1.306	1.140	1.148	1.160	1.196	1.185	1.243	1.275	1.330	1.407	1.510	1.738
新疆	0.826	0.862	0.989	1.037	1.078	1.055	1.086	1.112	1.148	1.230	1.266	1.319	1.327	1.403
西部	0.850	0.899	0.970	0.982	0.992	1.027	1.077	1.118	1.191	1.245	1.294	1.394	1.461	1.514
全国	1.000	1.050	1.125	1.188	1.216	1.267	1.364	1.451	1.581	1.641	1.673	1.823	1.872	1.948

为了更直观地对比我国区域间新型城镇化包容性发展水平，根据表 2 中 2004～2017 年全国、东部、中部与西部地区的新型城镇化包容性发展水平得分，绘制了我国新型城镇化包容性发展水平态势图（见图 2）。全国的新型

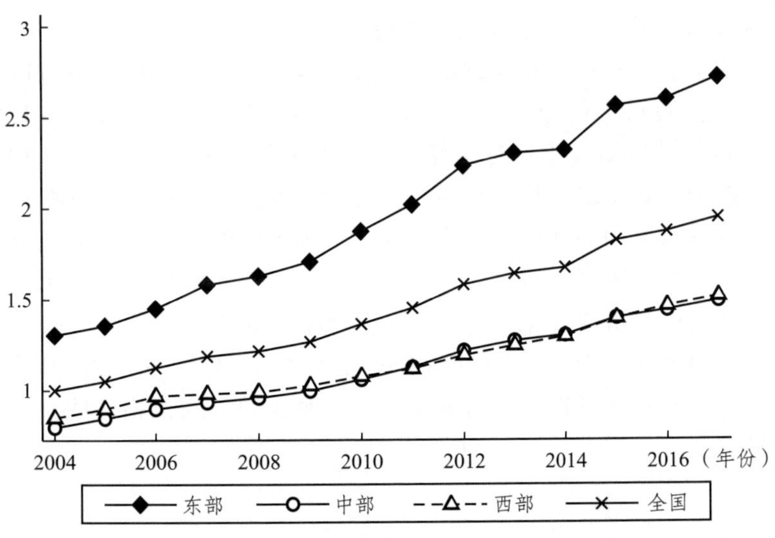

图 2　我国新型城镇化包容性发展水平态势

城镇化包容性发展水平均在2004～2017年逐步递增，说明近年来我国在提升新型城镇化包容性发展水平上已经取得一定成果，但就区域平均得分水平来看，各区域新型城镇化包容性发展水平存在明显的区域差距，东部地区的新型城镇化包容性绩效得分远高于中部和西部，中部地区略优于西部地区，且中西部差距存在收敛趋势，这与各区域间经济社会发展状况大致吻合。

（三）我国各省份新型城镇化包容性发展水平的空间相关性检验

1. 建立空间权重矩阵

在空间统计和计量中，对象的空间依赖关系可以用空间权重矩阵来表达。目前，空间经济学主要使用三种空间权重矩阵设定方法，分别是空间相邻0～1、地理距离和经济空间权重矩阵。但经济空间矩阵引入更加复杂的元素致使更不易解释，本文采用更具有普遍意义的空间相邻0～1权重矩阵及地理距离权重矩阵，通过引进两个权重矩阵进行对比分析以检验结果的稳健性。

其中，空间相邻0～1权重矩阵根据地理边界是否相邻设定，地理位置相邻的地区被赋予1，地理位置不相邻的地区被赋予0，定义如下：

$$W_{ij}\begin{cases}1 & \text{当 i 地区与 j 地区相邻}\\0 & \text{当 i 地区与 j 地区不相邻}\end{cases} \tag{1}$$

地理距离权重矩阵按两个地区之间地表距离的倒数来设定，其实质是负相关距离，就是用距离的递减函数值定义元素值，两地距离越近赋予的权重越大，反之，赋予的权重越小，定义如下：

$$W_{ij}\begin{cases}1/d_{ij} & \text{当 i 地区与 j 地区相邻}\\0 & \text{当 i 地区与 j 地区不相邻}\end{cases} \tag{2}$$

2. 采用莫兰指数进行空间相关性检验

分别基于上述两种空间权重矩阵，采用全局莫兰指数检验各省市新型城镇化包容性发展水平得分的空间相关性，全局Moran's I值介于-1至1之间，当Moran's I取值大于0时，表明经济变量分布呈现集聚分布，相似的样本观测值趋于空间集聚，具有空间正相关性；反之则经济变量分布呈现离散分布，具有空间负相关性；当取值为0时，则说明经济变量是随机分布，不具有空间相关性。利用STATA计算得出2004～2017年新型城镇化包容性发展水平的全局莫兰指数（见表3）。可见2004～2017年基于两种权重矩阵测算的Moran's I均大于0，P值始终在5%的水平上显著，说明我国各省新型城镇化包容性发展水平趋于空间集聚，具有明显的空间正相关性，可以建立空间计量模型。

表 3　　新型城镇化包容性发展水平的全局莫兰指数表

年份	Moran's I	Z 值	P 值	Moran's I	P 值	Z 值
	空间相邻 0~1 权重矩阵			地理距离权重矩阵		
2004	0. 358	3. 367	0. 000	0. 033	2. 160	0. 015
2005	0. 351	3. 296	0. 000	0. 029	2. 018	0. 022
2006	0. 389	3. 646	0. 000	0. 049	2. 677	0. 004
2007	0. 433	3. 951	0. 000	0. 044	2. 461	0. 007
2008	0. 420	3. 831	0. 000	0. 044	2. 471	0. 007
2009	0. 414	3. 777	0. 000	0. 044	2. 451	0. 007
2010	0. 398	3. 616	0. 000	0. 047	2. 546	0. 005
2011	0. 440	3. 950	0. 000	0. 050	2. 608	0. 005
2012	0. 444	3. 969	0. 000	0. 050	2. 607	0. 005
2013	0. 418	3. 774	0. 000	0. 044	2. 440	0. 007
2014	0. 391	3. 590	0. 000	0. 035	2. 167	0. 015
2015	0. 393	3. 576	0. 000	0. 038	2. 245	0. 012
2016	0. 375	3. 439	0. 000	0. 036	1. 905	0. 028
2017	0. 360	3. 317	0. 000	0. 037	1. 612	0. 053

四、新型城镇包容性发展水平驱动因素影响的空间计量分析

（一）驱动因素指标体系构建、变量选择、统计特征

1. 驱动因素指标体系构建

本文认为提升新型城镇化包容性发展水平的关键是多种驱动因素的共同作用，不仅应发挥资本投入、劳动投入的主导因素作用，还要注重科技进步、资源禀赋、政策环境等关联因素的效率导引与质量提升作用，这符合十九大以来提出的以人为本、全面协调可持续发展为导向的理念。基于空间计量学的相关理论及新型城镇化包容性发展水平的特点，本文遵循科学性、易操作性等原则，构建了新型城镇化包容性发展水平驱动因素指标体系（见表 4）。

表 4 新型城镇化包容性发展水平驱动因素指标体系

准则	指标层	代表变量及指标符号	单位
资本投入	公共投资	人均城镇生产性公共投资存量（Ppi）	万元/人
		人均城镇社会性公共投资存量（Spi）	万元/人
	外部投资	人均外商投资总额（Fdi）	万元/人
	市场投资	人均非国有固定投资（Mar）	万元/人
劳动投入	劳动力总量	城镇就业人数（Emp1）	万人
	劳动力价值	人均劳创造价值（Emp2）	万元/人
科技进步	技术进步	人均国内专利受理量（Tec1）	项/万人
	科技成果转换	人均技术市场成交额（Tec2）	万元/人
资源禀赋	水资源	人均供水总量（Re1）	万立方米/人
	能源资源	人均煤消费量（Re2）	吨/人
	土地资源	人均耕地面积（Re3）	千公顷/万人
		人均城建面积（Re4）	平方公里/万人
政策制度	政策	新型城镇化（Urban）	
	制度	户籍制度改革（Hj）	

2. 驱动因素指标体系构建

本文的被解释变量是新型城镇化包容性发展水平（Y），采用前文计算的新型城镇化包容性发展水平得分来表示。

本文将新型城镇化包容性发展水平驱动因素分为资本投入、劳动力投入、科技进步、资源禀赋、政策制度 5 个维度。具体分析如下：

（1）资本投入因素。城镇公共资本的投入推动基础设施建设和公共事业服务提升，非国有资本的投入增加加快市场化的进程，积极推行对外开放政策吸引大量外资的流入，外商直接投资聚集效应更加明显，直接影响着新型城镇化进程，带动新型城镇化包容性发展水平的提升。因此采用人均城镇公共投资存量来衡量各地区的城镇公共投资水平，将其作为核心解释变量。结合国家统计局对分行业固定资产投资的统计口径，将公共投资分为生产性公共投资、社会性公共投资，其中生产性公共投资分为水、电、燃气的生产与供应设施、交通运输、邮政和仓储设施等方面的投资；社会性公共投资包括教育、卫生和社会福利等方面的投资（万道琴和杨飞虎，2011）[19]。人均非国有固定资产投资衡量市场化指数水平，人均外商直接投资总额衡量外部投资环境状况。

（2）劳动力投入因素。劳动力要素的投入不仅仅从总量上推动城镇化包容性发展，而且从劳动效率上助推新型城镇包容性发展绩效的提升，本文采用城镇就业人数衡量劳动力总量，用人均国内生产总值衡量劳动力效率。

（3）科技进步因素。科技进步一方面表现在技术的发展进步；另一方面表现在科技成果的转换，进而推动经济的进一步高质量发展、智能智慧城市的建设，从而对新型城镇化包容性发展提供了更大的支持作用。本文采用人均专利受理量衡量技术进步以及用人均技术市场成交额衡量科技的转换能力和水平。

（4）资源禀赋因素。资源禀赋要素的投入进一步划分为水资源、能源资源、土地资源的投入，各项资源的投入耗用推动经济社会的发展进步，进而助推新型城镇包容性发展绩效的提升。本文采用供水总量、煤炭消耗总量、农作物总播种面积、建成区面积来衡量水资源、能源资源、土地资源，由于各地区人口数量不一样，因此采用人均数衡量。

（5）政策制度因素。我国积极推行新型城镇化政策，广泛推动户籍制度改革，对提升新型城镇化包容性发展水平有重大推动作用。①新型城镇化制度。由于 2014 年开始在全国范围内全面推行新型城镇化政策，因此，2003～2013 年取值为 0，2014～2017 年取值为 1。②户籍制度改革。采用统一的居民户口登记管理制度实施来衡量（晏朝飞和杨飞虎，2018）[12]。由于我国各省市发展水平不同，省情差异较大，国家政策实施时间具有先后顺序，因此，设定各地区在实行相应户籍制度试点改革的第 2 年起，该变量取值为 1；否则，取值为 0。

3. 指标数据来源以及统计特征

除户籍制度改革的数据来源于各地发布的公文，其余数据均来源于《中国固定资产统计年鉴》《中国城市统计年鉴》《中国统计年鉴》以及中经网统计数据库。各变量的基本统计特征如表 5 所示。

表 5　　样本变量的基本统计特征

变量	观测值	平均值	标准差	最小值	最大值
Y	420	1.443	0.682	0.684	4.579
Ppi	420	2.941	1.594	0.908	10.309
Spi	420	0.388	0.200	0.025	0.975
Fdi	420	1.660	2.706	0.036	20.534
Mar	420	1.774	1.312	0.092	7.218
Emp1	420	898.579	735.832	78.500	5514.200
Emp2	420	16.310	5.798	5.938	39.349
Tec1	420	10.716	15.171	0.230	87.036
Tec2	420	0.063	0.210	0.000	2.067

续表

变量	观测值	平均值	标准差	最小值	最大值
Re1	420	0.075	0.104	0.002	0.965
Re2	420	4.839	7.283	0.048	72.694
Re3	420	2.566	1.418	0.413	9.596
Re4	420	0.637	0.174	0.336	1.242
Urban	420	0.286	0.452	0	1
Hj	420	0.298	0.458	0	1

（二）空间计量模型的选择及检验

1. 空间计量模型的选择

针对模型设定有效性进行豪斯曼检验、LM、LR检验，从而确定最终模型。

首先，在处理面板数据模型设定的有效性问题时，通常需采用Hausman检验来判断固定效应模型与随机效应模型的有效性。Hausman检验统计量为-15.74，通过对数据的模拟和分析发现Hausman统计值为负主要是RE模型的渐进性假设在Hausman检验中无法得到满足所引起的（连玉君等，2014）[20]，因此，应当选用固定效应模型。

其次，为了选择恰当的空间计量面板模型，有必要先对非空间面板模型进行回归，以便根据非空间面板模型的拉格朗日乘数检验（LM）来判断选择合适的空间面板模型。经LM检验，在不同的权重矩阵情况下，空间误差项的拉格朗日乘子统计量在1%的水平下拒绝原假设，说明空间误差效应显著存在；而空间滞后项的拉格朗日乘子统计量在1%的水平下接受原假设，说明空间滞后效应不显著。因此选择空间误差模型。但由于空间误差模型与空间杜宾模型存在嵌套关系，使得此处存在更适合构建空间杜宾模型的可能性，因此需进一步采用LR检验。

最后，LR检验存在两个原假设：一是空间杜宾模型可以转化为空间滞后模型；二是空间杜宾模型可以转化为空间误差模型。相关检验结果如表6所示。

表6 LM及LR检验结果

检验	统计值	P值	统计值	P值
	空间相邻0~1权重矩阵		地理距离权重矩阵	
Spatial error:				
LM	5.507**	0.019	18.873***	0.000

续表

检验	统计值	P 值	统计值	P 值
	空间相邻 0 ~ 1 权重矩阵		地理距离权重矩阵	
Robust LM	6.049 **	0.014	18.628 ***	0.000
Spatial lag:				
LM	0.321	0.571	0.329	0.566
Robust LM	0.863	0.353	0.084	0.772
LR_spatial_error	22.650 **	0.046	25.670 ***	0.000
LR_spatial_lag	39.430 ***	0.002	53.870 ***	0.000

注：*、**、*** 分别代表在 10%、5%、1% 的显著水平；括号内为 t 值。

表 6 显示，LR 空间滞后检验统计量为 39.43（空间相邻 0 ~ 1 权重）和 53.87（地理距离权重矩阵），通过显著性检验，拒绝空间杜宾模型可以转化为空间滞后模型的原假设；LR 空间误差检验统计量为 22.65（空间相邻 0 ~ 1 权重）和 5.67（地理距离权重矩阵），通过显著性检验，也表明拒绝空间杜宾模型可以转化为空间误差模型的原假设。故本文选择空间杜宾模型进行分析。

2. 内生性及多重共线性检验

对面板数据进行取对数处理，进而消除异方差问题。被解释变量与残差之间不具有显著相关性，故模型对内生性问题可不予考虑。通过对模型中各变量多重共线性问题进行检验，结果显示 Mean VIF 为 2.57，最大的 VIF 值为 4.07，故不存在多重共线性问题。

（三）基于静态空间杜宾模型的分析及效应分解

1. 静态空间杜宾模型的分析结果

为进一步确定空间杜宾模型的具体模型，分别结合空间固定效应、时间固定效应以及双固定效应模型进行回归，其结果如表 7 所示。

表 7　　空间杜宾模型估计的结果

	空间固定 (1)	时间固定 (2)	双固定 (3)	空间固定 (4)	时间固定 (5)	双固定 (6)
	空间相邻 0 ~ 1 权重矩阵			地理距离权重矩阵		
Ppi	0.113 *** (5.59)	0.054 *** (2.65)	0.111 *** (5.39)	0.121 *** (5.66)	0.031 (1.45)	0.118 *** (5.32)

续表

	空间固定(1)	时间固定(2)	双固定(3)	空间固定(4)	时间固定(5)	双固定(6)
	空间相邻 0 ~1 权重矩阵			地理距离权重矩阵		
Spi	0.031 ** (2.11)	0.020 (1.18)	0.033 ** (2.21)	0.038 *** (2.60)	0.031 * (1.74)	0.030 * (1.95)
Fdi	0.279 *** (26.26)	0.282 *** (24.24)	0.279 *** (25.91)	0.268 *** (24.30)	0.271 *** (20.96)	0.263 *** (23.23)
Mar	0.034 ** (2.34)	0.089 *** (6.62)	0.033 ** (2.26)	0.035 ** (2.47)	0.090 *** (6.70)	0.033 ** (2.34)
Emp1	0.373 *** (13.64)	0.351 *** (11.81)	0.378 *** (13.39)	0.356 *** (13.03)	0.344 *** (10.92)	0.348 *** (12.18)
Emp2	0.021 (0.56)	0.061 * (1.92)	0.017 (0.41)	0.008 (0.23)	0.039 (1.18)	0.002 (0.05)
Tec1	0.014 (0.80)	0.007 (0.86)	0.016 (0.89)	0.017 (1.05)	-0.000 (-0.02)	0.020 (1.22)
Tec2	0.030 *** (7.12)	0.029 *** (6.18)	0.029 *** (6.71)	0.033 *** (7.73)	0.034 *** (6.63)	0.034 *** (7.51)
Re1	-0.105 (-1.03)	-0.169 * (-1.88)	-0.097 (-0.90)	-0.075 (-0.76)	-0.286 *** (-3.51)	-0.024 (-0.24)
Re2	-0.073 *** (-6.70)	-0.044 *** (-5.50)	-0.074 *** (-6.56)	-0.074 *** (-6.95)	-0.030 *** (-4.26)	-0.082 *** (-7.17)
Re3	0.080 * (1.81)	0.031 * (1.69)	0.074 (1.60)	0.089 ** (2.18)	0.016 (0.86)	0.092 ** (2.16)
Re4	-0.177 *** (-2.97)	-0.053 * (-1.87)	-0.188 *** (-3.08)	-0.176 *** (-3.19)	-0.038 (-1.32)	-0.169 *** (-2.97)
Urban	-0.004 (.)	0.000 (.)	0.000 (.)	-0.032 (-1.41)	0.000 (.)	0.000 (.)
Hj	-0.008 (-0.42)	0.020 (1.24)	0.003 (0.16)	0.001 (0.08)	0.038 ** (2.02)	0.012 (0.55)
Rho	-0.361 *** (-4.96)	-0.296 *** (-3.94)	-0.369 *** (-4.99)	-1.496 *** (-6.16)	-0.677 *** (-2.72)	-1.504 *** (-5.75)
Log_似然数	434.452	381.141	434.691	440.369	371.773	442.586
赤池信息量	-754.904	-648.283	-755.382	-766.739	-629.546	-771.172
贝叶斯信息量	-524.609	-417.988	-525.087	-536.444	-399.251	-540.877
观测值	420	420	420	420	420	420

注：*、**、*** 分别代表在 10%、5%、1% 的显著水平；括号内为 t 值。

比较表 7 中的 6 个模型，基于三大信息准则、空间变量系数及显著性水平，并考虑到模型稳定性，选取基于地理距离权重矩阵的双固定效应模型（6）进行分析。分析结果如下：

（1）新型城镇化包容性发展水平的空间相关系数（Rho）－1.504 显著为负，表明考虑了更多变量关系的空间杜宾模型中，省域新型城镇化包容性发展水平存在负向的空间溢出效应，这可能是由于区域间以邻为壑，地方政府间存在竞争密切相关。此外，我国新型城镇化包容性发展水平较高的地区往往还是虹吸效应显著的经济较为发达地区，这些地区往往对周边地区人口、要素产生一定的吸纳，相对削弱周边地区发展潜力而相对阻碍周围地区的新型城镇包容性发展绩效的提升。

（2）资本各要素的投入对新型城镇化包容性发展水平均具有显著的正向作用，作用程度最大的为外商投资水平，影响系数为 0.263，这可能是由于外商投资带来的资本效应及外溢效应，不仅为城镇化建设带来资金支持，且在推动人口集聚、产业集聚的同时带动新型城镇化全方面包容性发展。

（3）劳动要素的投入在数量上对新型城镇化包容性发展水平均具有显著的正向促进作用，影响系数最大为 0.348，这说明劳动要素的投入在数量上作为核心驱动因素，在中国未来推行新型城镇化进程中，“以人为本”，紧抓促进就业政策的同时推动城镇劳动就业人口的增加，有效提升新型城镇化包容性发展水平，推动新型城镇化高效包容健康发展。

（4）科技进步要素中人均技术市场成交额对新型城镇化包容性发展水平均具有显著的正向作用，影响系数为 0.034，这可能是因为科技创新驱动城镇智慧化，改变经济社会发展方式，尤其是互联网等技术成果的应用，推动城镇化发展成果人人共享。

（5）资源禀赋投入要素当中能源资源对新型城镇包容性发展绩效具有显著的负向影响，其影响系数为－0.082，因此尽快推动我国能源消费结构“升级换代”。人均建设面积对新型城镇包容性发展绩效具有显著的负向影响，其影响系数为－0.169，这表明过度的粗放式扩大城市建设面积会降低新型城镇包容性发展绩效的提升。人均耕地面积对新型城镇包容性发展绩效具有显著的正向影响，其影响系数为 0.092，这表明严守耕地红线，推动新型城镇化科学、健康发展。

2. 基于静态空间杜宾模型的效应分解

进行直接、间接效应分解能够进一步探究各变量真实的空间溢出效应（Le Sage and Pace，2009）[21]，基于前文分析结果，故选用空间杜宾双固定模型进行效应分解，探究新型城镇化包容性发展水平提升的驱动因素的直接效应和间接效应，由于政策制度变量并不显著，故本文去除政策制度变量进行效应分解，结果如表 8 所示。

表 8　　空间杜宾模型（双固定）的效应分解

	直接效应	间接效应	总效应	直接效应	间接效应	总效应
	空间相邻 0～1 权重矩阵			地理距离权重矩阵		
Ppi	0. 113 *** (5. 32)	0. 001 (0. 02)	0. 114 *** (2. 92)	0. 118 *** (5. 65)	0. 019 (0. 29)	0. 137 * (1. 93)
Spi	0. 028 * (1. 87)	0. 037 (1. 46)	0. 065 ** (2. 46)	0. 027 * (1. 87)	0. 017 (0. 31)	0. 044 (0. 83)
Fdi	0. 288 *** (27. 69)	−0. 066 *** (−3. 42)	0. 222 *** (10. 91)	0. 282 *** (28. 08)	−0. 158 *** (−3. 52)	0. 123 *** (2. 71)
Mar	0. 031 ** (2. 06)	0. 023 (0. 93)	0. 053 ** (2. 29)	0. 030 ** (2. 09)	0. 037 (0. 71)	0. 067 (1. 35)
Emp1	0. 372 *** (13. 60)	0. 022 (0. 49)	0. 395 *** (8. 07)	0. 361 *** (13. 41)	−0. 151 (−1. 49)	0. 210 ** (2. 08)
Emp2	0. 021 (0. 48)	0. 003 (0. 05)	0. 023 (0. 48)	0. 012 (0. 28)	−0. 034 (−0. 29)	−0. 023 (−0. 21)
Tec1	0. 013 (0. 69)	0. 018 (0. 64)	0. 031 (1. 26)	0. 019 (1. 02)	−0. 022 (−0. 33)	−0. 003 (−0. 05)
Tec2	0. 029 *** (6. 25)	0. 009 (1. 13)	0. 037 *** (4. 69)	0. 030 *** (6. 84)	0. 035 ** (2. 07)	0. 065 *** (3. 78)
Re1	−0. 071 (−0. 65)	−0. 090 (−0. 49)	−0. 161 (−0. 90)	−0. 069 (−0. 66)	0. 434 (1. 10)	0. 364 (0. 97)
Re2	−0. 079 *** (−6. 58)	0. 036 * (1. 77)	−0. 043 ** (−2. 17)	−0. 081 *** (−7. 01)	−0. 003 (−0. 07)	−0. 084 ** (−2. 15)
Re3	0. 078 (1. 64)	−0. 011 (−0. 15)	0. 067 (0. 95)	0. 080 * (1. 84)	0. 049 (0. 47)	0. 129 (1. 32)
Re4	−0. 172 ** (−2. 48)	−0. 017 (−0. 17)	−0. 189 ** (−2. 13)	−0. 176 *** (−2. 77)	0. 226 (1. 36)	0. 051 (0. 33)

注：*、**、*** 分别代表在 10%、5%、1% 的显著水平；括号内为 t 值。

根据表 8，对比基于两个权重进行估计的结果，模型变量系数差异性不太明显，说明模型具有稳健性。由于表 7 中显示的模型（6）估计结果最优，本文基于地理距离权重矩阵为例进行分析，可获得以下结论：

（1）资本要素中外商投资的直接效应在 1% 的显著性水平下为正，其影响系数（删掉“分别”）为 0. 282，间接效应在 1% 的显著性水平下为负，其影响系数为 0. 158，表明外商投资的增加有利于推动本地区绩效提升而降低周边地区的绩效。这可能是因为某一地区外商投资的增加会带动周围地区外商投资的增加，但并不一定提高周边地区对外商投资的甄别，而可能促使周边政府一味跟风，追求规模忽视质量，不利于周围地区绩效的提升。

（2）科技进步要素中人均技术市场成交额的直接效应、间接效应在 1% 的显著性水平下为正，其影响系数分别为 0.030、0.035。这表明未来应该加大科技投入，推动技术进步，加大技术市场成交额，促进科技成果转换，不仅推动本地区且助推周边地区的新型城镇包容性发展绩效的提升，而且起示范效应带动周围地区的新型城镇包容性发展绩效的提升，进一步证明了科技进步这一驱动要素在城镇化进程中的重要作用。

（3）其他直接效应较为显著的要素投入则间接效应不甚显著，这表明要素投入对本地区影响具有较大的作用，而对周边地区不明显，而这当中的原因需要进一步探究。

（四）基于动态空间杜宾模型的分析及效应分解

1. 动态空间杜宾模型的分析结果

变量的空间依存关系不但受到当期地区间的相关影响，而且还可能受到来自地区间先前相应行为不可忽视的影响（Elhorst，2012）[22]。为进一步研究新型城镇化包容性发展水平的动态变化情况，本文基于空间相邻 0 ~ 1 权重矩阵和地理距离权重矩阵分别加入因变量的时间、空间以及同时加入时空滞后项对新型城镇化包容性发展水平及其因素建立动态空间杜宾模型，估计结果如表 9 所示。

表 9　　动态空间杜宾模型估计结果

	时间滞后（1）	空间滞后（2）	时空滞后（3）	时间滞后（4）	空间滞后（5）	时空滞后（6）
	空间相邻 0 ~ 1 权重矩阵			地理距离权重矩阵		
L. Lny	0.135*** (7.78)		0.136*** (7.55)	0.129*** (7.87)		0.118*** (5.71)
Ppi	0.108*** (5.45)	0.096*** (4.62)	0.108*** (5.45)	0.112*** (5.30)	0.110*** (5.03)	0.113*** (5.32)
Spi	0.034** (2.44)	0.041*** (2.76)	0.034** (2.43)	0.032** (2.22)	0.042*** (2.79)	0.033** (2.30)
Fdi	0.260*** (24.09)	0.281*** (25.53)	0.260*** (24.09)	0.244*** (21.71)	0.254*** (22.19)	0.244*** (21.70)

续表

	时间滞后 (1)	空间滞后 (2)	时空滞后 (3)	时间滞后 (4)	空间滞后 (5)	时空滞后 (6)
	空间相邻 0～1 权重矩阵			地理距离权重矩阵		
Mar	-0.008 (-0.55)	0.024 (1.62)	-0.008 (-0.55)	0.001 (0.04)	0.017 (1.19)	0.001 (0.05)
Emp1	0.410*** (14.97)	0.379*** (13.17)	0.410*** (14.88)	0.380*** (13.75)	0.366*** (12.88)	0.381*** (13.77)
Emp2	0.018 (0.46)	0.033 (0.78)	0.019 (0.48)	0.004 (0.11)	0.001 (0.04)	0.001 (0.03)
Tec1	0.020 (1.18)	0.008 (0.45)	0.020 (1.18)	0.020 (1.25)	0.023 (1.33)	0.022 (1.32)
Tec2	0.034*** (8.05)	0.028*** (6.28)	0.034*** (8.06)	0.038*** (8.96)	0.034*** (7.73)	0.038*** (8.87)
Re1	-0.005 (-0.05)	-0.094 (-0.86)	-0.004 (-0.03)	0.028 (0.29)	-0.006 (-0.06)	0.027 (0.28)
Re2	-0.065*** (-5.95)	-0.073*** (-6.33)	-0.065*** (-5.96)	-0.069*** (-6.35)	-0.078*** (-6.94)	-0.070*** (-6.40)
Re3	0.042 (0.93)	0.058 (1.21)	0.042 (0.93)	0.059 (1.39)	0.047 (1.07)	0.057 (1.33)
Re4	-0.205*** (-3.36)	0.179*** (-2.78)	-0.205*** (-3.36)	-0.180*** (-3.10)	-0.149** (-2.49)	-0.176*** (-3.03)
Urban	0.000 (.)	0.000 (.)	0.000 (.)	0.000 (.)	0.000 (.)	0.000 (.)
Hj	-0.016 (-0.82)	-0.008 (-0.37)	-0.016 (-0.82)	0.007 (0.35)	0.006 (0.30)	0.006 (0.31)
L. Wlny		-0.079* (-1.84)	0.008 (0.19)		-0.862*** (-5.40)	-0.165 (-0.85)
Rho	0.333*** (4.51)	0.338*** (4.37)	0.336*** (4.46)	1.336*** (5.01)	1.358*** (5.01)	1.334*** (4.98)
Log_似然数	441.467	418.521	441.455	448.186	436.095	448.666
赤池信息量	-710.933	-665.043	-708.910	-724.373	-700.190	-723.332
贝叶斯信息量	-369.844	-323.954	-363.856	-383.284	-359.102	-378.277
观测值	390.000	390.000	390.000	390.000	390.000	390.000

注：*、**、*** 分别代表在 10%、5%、1% 的显著水平；括号内为 t 值。

比较表 9 中的 6 个模型，基于三大信息准则、空间变量系数及各变量显著性水平，本文选取模型（4）即基于空间距离权重矩阵加入因变量的时间滞后项的动态空间杜宾模型进行分析。接下来，对模型（4）的结果进行分析：

（1）新型城镇化包容性发展水平的一阶时间滞后项系数在 1% 水平下显著为正，表明我国新型城镇化包容性发展水平变化具有明显的路径依赖特征。这意味着提升新型城镇化包容性发展水平是一件长久的事情，必须常抓不懈，以防止出现“反弹”，具有一定的艰巨性。空间相关系数在 1% 的显著性水平下通过检验，且显著为正，这是由于长期发展过程中的阻碍新型城镇化包容性发展水平提升的体制机制因素被消除，各区域间表现出协同效应大于竞争效应，示范效应大于警示效应，从而导致新型城镇化包容性发展水平在动态发展中存在显著正的空间溢出效应。

（2）资本要素中生产性、社会性公共投资及外商投资对新型城镇化包容性发展水平均具有显著的正向作用，影响系数分别为 0. 112、0. 032、0. 244，作用程度最大的仍为外商投资水平，而市场投资不再具有显著性。长期来看，政府公共投资与外向型经济的增加，加大了城镇化基础性设施与公共服务性设施建设，提高了城镇居民的生活幸福感，推动城镇化包容性发展。城镇就业人数、人均技术市场成交额对新型城镇化包容性发展水平均具有显著的正向作用，影响系数分别为 0. 380、0. 038，说明劳动力数量因素是核心驱动要素，作用最大；能源资源、土地资源中人均城建面积依旧对新型城镇化包容性发展水平具有显著性的负向影响，其影响系数为 －0. 069、－0. 180，而土地资源中人均耕地面积对新型城镇化包容性发展水平正向影响，不再具有显著性。这说明未来在推行新型城镇化进程中，继续发挥生产性、社会性公共投资以及外部投资的积极影响作用，推动就业，增加就业岗位、提高就业质量，加大科技进步对经济社会的影响，尽快推动我国能源消费结构“升级换代”，科学设计城镇建设规划，合理推行新型城镇化进程。

2. 驱动因素指标体系构建

基于表 9 中模型（4）估计结果，由于政策制度变量并不显著，故本文去除政策制度变量进行效应分解，对新型城镇化包容性发展水平的动态变化的短期和长期效应做进一步探究，估计结果如表 10 所示。

表 10　　动态空间杜宾模型的效应分解

	直接效应	间接效应	总效应	直接效应	间接效应	总效应
	短期效应			长期效应		
Ppi	0. 115 *** (6. 15)	－0. 025 (－0. 35)	0. 090 (1. 18)	0. 134 *** (6. 18)	－0. 039 (－0. 50)	0. 095 (1. 18)

续表

	直接效应	间接效应	总效应	直接效应	间接效应	总效应
	短期效应			长期效应		
Spi	0.030 ** (2.27)	0.022 (0.43)	0.052 (1.00)	0.035 ** (2.24)	0.021 (0.38)	0.056 (0.99)
Fdi	0.256 *** (24.38)	-0.136 *** (-2.71)	0.120 ** (2.36)	0.299 *** (23.90)	-0.172 *** (-3.22)	0.127 ** (2.37)
Mar	-0.008 (-0.63)	0.104 * (1.91)	0.095 * (1.82)	-0.011 (-0.71)	0.112 * (1.91)	0.101 * (1.81)
Emp1	0.407 *** (14.50)	-0.294 *** (-2.76)	0.113 (1.04)	0.476 *** (14.32)	-0.357 *** (-3.14)	0.119 (1.04)
Emp2	0.011 (0.28)	-0.032 (-0.26)	-0.021 (-0.18)	0.014 (0.28)	-0.036 (-0.26)	-0.022 (-0.18)
Tec1	0.026 (1.56)	-0.086 (-1.20)	-0.060 (-0.88)	0.032 (1.58)	-0.095 (-1.22)	-0.064 (-0.88)
Tec2	0.035 *** (8.61)	0.037 ** (2.12)	0.072 *** (4.08)	0.041 *** (8.49)	0.036 * (1.91)	0.077 *** (4.03)
Re1	-0.013 (-0.13)	0.480 (1.12)	0.467 (1.13)	-0.021 (-0.18)	0.516 (1.12)	0.495 (1.13)
Re2	-0.069 *** (-6.20)	-0.006 (-0.15)	-0.075 * (-1.78)	-0.080 *** (-6.13)	0.000 (0.01)	-0.079 * (-1.78)
Re3	0.055 (1.23)	0.072 (0.66)	0.127 (1.15)	0.063 (1.20)	0.072 (0.60)	0.135 (1.15)
Re4	-0.210 *** (-3.72)	0.373 * (1.94)	0.164 (0.88)	-0.248 *** (-3.74)	0.421 ** (2.03)	0.174 (0.88)

注：*、**、*** 分别代表在 10%、5%、1% 的显著水平；括号内为 t 值。

接下来，对表 10 的估计结果进行分析：

（1）总体来看，同一因素的影响方向完全一致，而且无论直接效应、间接效应还是总效应，长期效应的绝对影响程度（系数的绝对值）大于短期效应，表明各因素对新型城镇化包容性发展水平的提升具有更加深远的长期影响。

（2）可以看到，首先，无论短期还是长期条件下，劳动要素中劳动力数量对于本地区的新型城镇包容性发展绩效的直接效应为正值，影响系数分别是 0.407、0.476，但间接效应为负，影响系数分别是 -0.294、-0.357，表明本地区劳动力在本地区集聚会相对削弱周边地区的人口，阻碍周围地区新型城镇化包容性发展水平的提升。其次，外商投资要素，直接效应为正值，影响系数分别是 0.256、0.299，但间接效应也为负，影响系数分别是 -0.136、-0.172，表明外商投资的增加有利于推动本地区新型城镇化包容性发展水平而降低周边地区的水平。这可能是因为周边地区盲目跟风，忽视质量有关。此外，城建面积的直接效应为负，影响系数分别是 -0.210、-0.248，但间接效应为正，0.373、0.421，这可能是由于本地区的城镇建设规模不合理规划对周围地区具有警示作用而有助于周围地区水平的提升。而科技进步要素中科技成果转换的直接效应、间接效应显著为正值，本地区的科技进步推动本地区新型城镇化包容性发展水平的提升对周围地区具有示范作用，而有助于周围地区的水平提升。

五、结论与政策建议

（一）研究结论

本文通过从人口、经济、社会、城乡、生态等包容性发展的 5 个准则层出发构建新型城镇化包容性发展水平评价指标体系，测度出 2004～2017 年我国 30 个省份的新型城镇化包容性发展水平综合指数，经莫兰指数检验发现其具有显著的空间正相关性。基于新型城镇化政策实施以及户籍制度改革背景，通过构建空间计量模型，从资本投入、劳动投入、科技进步、资源禀赋等供给要素出发，研究了这些供给要素对新型城镇化包容性发展的影响，并得出三个方面的研究结论：

（1）我国新型城镇化包容性发展水平在时间上呈现上升趋势，在空间上存在明显的分异现象。全国的新型城镇化包容性发展水平均在 2004～2017 年逐步递增，但就区域平均得分水平来看，各区域新型城镇化包容性发展水平存在明显的区域差距，东部地区的新型城镇化绩效得分远高于中部和西部，中部地区略优于西部地区，且中西部差距存在收敛趋势，这与各区域间经济社会发展状况大致吻合。

（2）新型城镇化包容性发展水平存在显著的空间溢出效应。短期内由于地方政府竞争因素致使以邻为壑降低区域间的协作发展，且经济发达地区虹吸效应较为显著，导致其空间溢出效应为负，长期内由于消除阻碍新型城镇化发展的体制机制因素促进区域间协调发展，示范效应显著，导致其空间溢出效应为正。

（3）在显著影响新型城镇化包容性发展水平提升的驱动因素中，城镇就业人数、人均外商投资总额、人均技术市场成交额是关键的正向驱动因素，这对于双循环新发展格局下扩大就业、积极吸纳外资、创新驱动有重要政策意义；而人均煤消费量、人均城建面积则是主要的负向驱动因素。新型城镇化政策与户籍制度改革并未呈现出显著作用。长期效应的绝对影响程度均大于短期效应，各个因素对新型城镇化包容性发展水平具有更加深远的影响。

（二）政策建议

（1）优化投资结构，提高资本使用效率。要逐步加大对中小城镇的公共固定资产投资并提高投资效率，完善其基础设施建设。降低市场资本的门槛限制，引导部分资金流向中小企业与实体经济，提高资金配置效率。同时加大对外开放，引进外商投资，同时注重规模与质量并重，促进新型城镇化包容性发展水平的提升。

（2）完善就业政策，提升全民素质。政府应该完善相关就业政策，拓宽就业渠道，创造大量就业机会，增加就业岗位，提高劳动就业率，进而提升人力资本的质量。建立健全保障体系，吸引和留住人才，防止人才外流。深化教育改革，继续推行义务教育的建设，提高全民受教育水平，扩大有效劳动人口的数量，实现劳动力素质的全面提升。

（3）积极推动科技进步，发挥其外溢效应。积极推动我国科技创新发展水平的提高，鼓励自主创新与引进国外先进技术相结合，加大科研的经费投入，推动科技成果的转换，充分发挥科技成果的转换在新型城镇化进程中的外溢效应，促进我国产业结构合理优化发展。重点发展高新技术产业，推进节能技术的应用发展，建立相应的激励惩罚措施，提高新型城镇化包容性发展水平，推动城镇化进程更加高效科学可持续。

（4）大力提高资源利用效率，开源与节流相结合。大力倡导提高水资源的利用效率，应当对水资源高效利用进行合理规划管理，全面推行发展节水型产业，建立废水处理厂同时减低水污染事件的发生。支持多种可再生能源的发展，不断调整和优化能源消费结构，实现能源消费结构的“绿色升级”。建立健全土地用途管理机制，节约土地使用量。同时，加强耕地保护政策，严格遵循城市用地规划建设的标准，开发未利用土地时，进行科学把控，确保生态环境不被破坏。

（5）审慎推出城镇化相关政策。政府推行类似于新型城镇化政策、户籍制度改革时，应该考虑具体的实际情况，不应全面铺开，制定决策应当尽可能综合考虑各种因素，具体问题具体分析，不可“一刀切”。

参考文献

[1] Ali I. . Inequality and Imperative for Inclusive Growth in Asia [J]. *Asia Development Review*, 2007 (11): 1 - 12.

[2] Hansen C. , Harder H. . Rethinking and Rebuilding Urban Development [J]. *Danish Jour-*

nal of Geoinformatics and Land Management, 2011 (1): 1 –8.

[3] Malhotra S.. Population Health Through Inclusive Urban Planning: Healthier Communities and Sustainable Urban Development in Indian Cities [J]. *Sustainable Development Law & Policy*, 2010 (1): 51 –60.

[4] 何景熙:《包容性发展: 中国城市化的导向选择——基于社会系统进化原理的解析》, 载《社会科学》2011 年第 11 期。

[5] 张明斗、王雅莉:《中国新型城市化道路的包容性发展研究》, 载《城市发展研究》2012 年第 10 期。

[6] 刘洋:《城市化包容性发展的路径设计及战略选择研究》, 载《经济与管理》2013 年第 1 期。

[7] 关国才、佟光霁:《新型城镇化的包容性体系构建及实现路径》, 载《学术交流》2015 年第 12 期。

[8] 周阳敏:《制度资本、微观与包容性城镇化模式研究》, 载《当代财经》2016 年第 9 期。

[9] 马远:《基于包容性发展的城镇化质量测度及系统耦合分析》, 载《技术经济》2016 年第 3 期。

[10] 田逸飘、张卫国、刘明月:《科技创新与新型城镇化包容性发展耦合协调度测度——基于省级数据的分析》, 载《城市问题》2017 年第 1 期。

[11] 曾智洪:《中国新型城镇化包容性制度创新体系研究》, 载《城市发展研究》2017 年第 5 期。

[12] 晏朝飞、杨飞虎:《中国城镇化包容性发展中的公共投资支持影响研究》, 载《经济与管理研究》2018 年第 5 期。

[13] 于伟、吕晓、宋金平:《山东省城镇化包容性发展的时空格局》, 载《地理研究》2018 年第 2 期。

[14] 于伟、赵林:《包容性视角下城镇化质量与资源利用的协调性——以中国 288 个地级以上城市为例》, 载《应用生态学报》2018 年第 12 期。

[15] 罗知、万广华、张勋、李敬:《兼顾效率与公平的城镇化: 理论模型与中国实证》, 载《经济研究》2018 年第 7 期。

[16] 李泽众、沈开艳:《环境规制对中国新型城镇化水平的空间溢出效应研究》, 载《上海经济研究》2019 年第 2 期。

[17] 赵磊、方成:《中国省际新型城镇化发展水平地区差异及驱动机制》, 载《数量经济技术经济研究》2019 年第 5 期。

[18] 熊湘辉、徐璋勇:《中国新型城镇化水平及动力因素测度研究》, 载《数量经济技术经济研究》2018 年第 2 期。

[19] 万道琴、杨飞虎:《严格界定我国公共投资范围探析》, 载《江西社会科学》2011 年第 7 期。

[20] 连玉君、王闻达、叶汝财:《Hausman 检验统计量有效性的 Monte Carlo 模拟分析》, 载《数理统计与管理》2014 年第 5 期。

[21] Le Sage J. P., Pace R. K. *Introduction to Spatial Econometrics* [M]. Boca Raton, US: CRC Press Taylor and Francis Group, 2009: 513 –514.

[22] Elhorst J. P.. Dynamic Spatial Panels: Models, Methods and Inferences [J]. *Journal of Geographical System*, 2012, 14 (1): 5 –18.

Research on the Motivation Factor and Influence Effect of New Urbanization Inclusive Development

Feihu Yang   Xiaoyi Wang

Abstract: Based on 30 provincial data from 2004 to 2017 in China, through the entropy weight average standardization method and spatial measurement model, the research finds that the performance of inclusive development of new urbanization in China is on the rise in time, and there are obvious differences in space. The key driving factors are capital investment, labor investment, scientific and technological progress, resource endowment, policy and system, etc. The specific performance is as follows: First, there is a significant spatial spillover effect in the inclusive development performance of new urbanization; in the short term, the spatial spillover effect is negative due to local government competition factors, and in the long term, the spatial spillover effect is positive due to the elimination of institutional and institutional factors that hinder the development of new urbanization. Second, among the driving factors that significantly affect the inclusive development performance of new urbanization, the number of urban employment, total foreign investment per capita and turnover of technology market per capita are the key positive driving factors, while coal consumption per capita and urban construction area per capita are the main negative driving factors. We should formulate policies to optimize investment structure, improve employment policies, and actively promote scientific and technological progress to actively improve the inclusive development performance of new urbanization.

Keywords: new urbanization; inclusive development performance; driving factors; spatial econometric model

我国制造业构建国内国际双循环新发展格局的思考与建议*

张厚明

摘　要：近期，党中央提出了“以国内大循环为主体、国内国际双循环相互促进的新发展格局”的重大战略举措。在制造业领域，存在着供给与需求的不匹配、产业链和供应链的中断风险不断增加以及国内国际循环的转换不畅通等突出问题。为此，提出以下对策：深入推进制造业供给侧改革，助推制造业国内大循环迈入良性运转轨道；深入扩大开放，促进制造业国际循环运转畅通；狠抓关键环节和优化布局，健全和完善制造业的产业链及供应链；发挥国内市场和龙头企业优势，推进制造业国内循环与国际循环良性互动。

关键词：双循环　供给侧改革　新发展格局

自2020年全国两会以来，习近平总书记多次在讲话中提道，“逐步形成以国内大循环为主体、国内国际双循环相互促进的新发展格局”。这是党中央为应对复杂严峻的外部发展环境，推进国内经济高质量发展而提出的重大战略举措，为我国实施制造强国战略明确了新的发展方向和发展路径。制造业作为国民经济的主体，当前必须深刻认识其构建双循环新发展格局的重要意义，厘清其在构建双循环新发展格局中面临的主要问题，抓住新的发展机遇，不断提升创新能力，持续增强我国制造业产业链及供应链稳定性和竞争力，为我国经济形成以国内大循环为主体、国内国际双循环相互促进的新发展格局提供坚实支撑。

一、制造业构建国内国际双循环相互促进新发展格局的重要意义

最近，党中央根据国内外发展形势与发展环境变化，提出了“逐步形成以国内大循环为主体、国内国际双循环相互促进的新发展格局”这一重大战略举措。制造业在国民经济中具有举足轻重的地位，是扩大内需、稳

* 作者简介：张厚明（1973～），安徽长丰人，国家工业和信息化部赛迪智库研究员，经济学博士，研究方向：工业经济分析、产业规划编制和产业政策制定，电子邮箱：zhm200488@sina.com。

基金项目：本文得到钟契夫国民经济学科发展基金会资助。

定外需的压舱石，在当前形势背景下，制造业将在国民经济逐步形成国内大循环为主体、国内国际双循环相互促进的新发展格局中发挥更加突出和重要的作用。

（一）制造业构建双循环新发展格局，有利于应对新冠肺炎疫情的负面冲击

当前，突如其来的新冠肺炎疫情对国内外经济发展的影响仍在持续。从国内看，尽管新冠肺炎疫情已经总体得到控制，经济增长持续回升，但 2020 年上半年 GDP 增速仍下滑 1.6%，目前国内消费需求的恢复仍然不及预期，下半年稳增长任务依然十分艰巨。从国外看，新冠肺炎疫情仍在肆虐，全球成本原材料与上游零部件供应失序、产品和服务销售渠道受阻、物流渠道阻塞、用工短缺、经济下行压力倍增等问题凸显。全球产业链和供应链面临松动、分离的严峻形势，国内部分深度嵌入全球产业链和供应链的制造业企业，面临着上游原材料供给不足、下游需求萎靡的双重困境，这就需要我国制造业构建并形成以国内大循环为主体、国内国际双循环相互促进的新发展格局，纠正经济发展国内国际循环失衡的现状，做好“六稳”工作，落实“六保”任务，实现我国经济的高质量发展。

（二）制造业构建双循环新发展格局，有利于提升和保障我国产业链供应链的安全性稳定性

自 2018 年初的中美贸易摩擦发生以来，已经呈现出从技术封锁、技术管制等领域向投资、金融、人才流动等诸多领域延伸的趋势。美国千方百计阻断我国获取先进技术的渠道，我国制造业中的部分高端装备和零部件，如高端通用芯片、汽车发动机、特种钢材、精密仪器、高精度机床等高技术含量产品的进口面临断供风险。中美贸易摩擦趋于长期化、复杂化，我国制造业发展的外部环境不确定因素增多。当前，制造业通过构建以国内大循环为主体、国内国际双循环相互促进的新发展格局，将有效挖掘国内大市场潜力，加快补短板、强优势，有利于制造业加快构建起自主可控的产业链及供应链体系，夯实制造业发展的基础。

（三）制造业构建双循环新发展格局，有利于提升我国经济发展的国际竞争力

目前，全球主要发达经济体纷纷推出“制造业回归”、打造以高端制造业为主体的经济发展政策，如美国先后出台《重振美国制造业框架》《先进制造业国家战略计划》，德国实施“工业 4.0”战略，法国制定“新工业法国”计划等。印度、越南、泰国等国家利用劳动力成本等优势，与我国在中低端产业领域展开全面竞争。部分全球产业链及供应链加快重构，我国制造

业面临来自发达国家和发展中国家的双向挤压。作为典型的发展中大国，我国应发挥超大规模市场优势，从过去依赖外需被动适应经济全球化竞争，逐步转向依靠内需主动创造全球化发展机遇，通过实施基于内需的经济全球化战略，加快培育我国制造业新竞争优势，逐步形成以国内大循环为主体、国内国际双循环相互促进的新发展格局，实现产业链现代化和高质量发展。

二、制造业构建国内国际双循环相互促进新发展格局面临的主要问题

制造业构建国内国际双循环相互促进新发展格局包括三个方面的内容：一是深化制造业供给侧结构性改革，构建国内经济大循环体系；二是健全和完善制造业产业链供应链，积极参与构建国际经济循环体系；三是做好制造业国内国际双循环的统筹协调，利用好两个市场、两种资源，使国内循环与国际循环优势互补、良性互动、互促互进。从以上三个方面分析，当前我国制造业构建国内国际双循环相互促进新发展格局，仍然存在一些突出的矛盾和问题。

（一）制造业供给与需求的不匹配，导致制造业国内大循环运转不畅

长期以来，我国经济的宏观调控更多地侧重于从需求侧加强管理。近年来，随着我国经济发展进入新常态，原有的过度依赖需求侧调控带来的问题开始显现，我国经济下行压力不断加大，制造业供需不匹配的结构性矛盾逐渐暴露，制造业国内循环不畅通问题愈发严重。尽管近年来国家大力推进供给侧结构性改革，但目前来看，国内经济发展中的结构失衡问题仍未能从根本上得到解决。一是制造业生产的多是低质、低价、低端的产品，无法满足国内日益增长的高品质、多样化、多层次的公众的消费需求，导致境外抢购、海淘等现象盛行。据商务部公布数据显示，我国跨境电商进口总额从 2017 年的 565.9 亿元增长到 2019 年的 918.1 亿元，年均增速高达 27.4%。二是目前制造业产能过剩问题依然严重，据国家统计局公布数据，2020 年第 2 季度，我国制造业产能利用率仅为 74.8%，较上年同期下降 2.1%。三是过度依赖行政手段而忽视运用市场手段来实现去产能、去库存的目标，导致过剩的产能与库存到目前并没有实现完全的市场出清，阻碍了制造业再生产的正常循环。

（二）产业链供应链的中断风险大幅增加，严重冲击我国制造业国际循环的稳定性

当前，受多种因素共同影响，我国产业链供应链的断链风险与日俱增，从而严重冲击我国制造业的国际循环的稳定。一是突如其来的新冠肺炎疫

情，从供给和需求两端对我国产业链供应链造成巨大冲击，制造业的供给因产能利用的下降而被迫中断，需求因出口的订单骤减而出现大幅萎缩。据国家统计局发布的数据，2020年1~6月我国工业企业出口交货值累计同比下降4.2%，较上年同期回落9.1个百分点。二是近年来国际上以贸易保护主义、孤立主义、极端民族主义为特征的“逆全球化”趋势开始显现，美国发起的贸易战及中美“脱钩”风险的增加，导致我国面临着产业链供应链松动、分离的严峻局面，特别是一些“卡脖子”的核心技术和关键零部件的断供，使得我国产业发展的安全性受到严峻挑战，严重威胁到我国制造业国际循环的畅通与稳定。

（三）制造业国内与国际经济循环存在分离现象，导致制造业国内国际循环的相互转换面临阻滞

改革开放以来，我国采取了出口导向的发展战略，大力发展“两头在外、大进大出”的外向型经济，取得了巨大的发展成就。但伴随着国内国际形势的发展变化，原先的出口导向发展战略现在面临着转型压力，我国制造业国内循环和国际循环进一步分离的风险不断加大，相互转换面临阻滞进而加剧了国内经济结构的失衡。一是因长期实施出口导向战略，忽视了对国内市场的开发与培育，影响了我国大国经济优势（超大规模市场优势和内需潜力）的发挥，进而对我国制造业国内循环和国际循环产生了明显的割裂效应。二是近年来国内生产要素成本不断上升，制造业出口产品的价格优势不断削弱，再加上中美贸易摩擦及疫情影响，许多外向型企业产品出口受阻。据中国人民银行发布的数据，2020年6月，我国企业家问卷调查出口订单指数为33%，较上年同期下降14.3%。面对出口下行的巨大压力，开拓内需市场成为当务之急。而出口产品转销国内市场却因国内外存在生产标准、知识产权、市场环境以及生产模式等方面的差异而出现销售困难。

三、制造业构建国内国际双循环相互促进新发展格局存在的有利条件

当前，我国制造业在构建国内国际双循环新发展格局中战略纵深非常广阔，新兴产业链发展迅速，中西部和东北地区承接东部发达地区产业转移还有很大潜力，对外合作的空间仍然巨大。特别是我国当前疫情防控赢得先机，迎来了调整优化全球产业资源配置的重要窗口期，也为后疫情时期引导和参与全球产业链供应链调整、实现国内国际双循环塑造竞争新优势创造了有利条件。具体来看，目前我国制造业构建国内国际双循环的新发展格局具有以下几个较为突出的有利条件：

（一）具有完整的工业体系和产业链供应链生态

经过改革开放 40 多年的发展，我国抓住经济全球化发展机遇，积极参与全球产业分工合作，在 2010 年发展成为世界制造业第一大国，是联合国产业分类中工业门类最齐全的国家，拥有世界上最完整的供应链条。截至 2019 年，我国制造业增加值占全球比重约 30%，商品进出口额分别占全球的 11% 和 13%，我国已成为世界 120 个国家或地区最大的贸易伙伴。我国已经成为“一带一路”沿线国家和地区的中间桥梁，并成为“一带一路”沿线 25 个国家最大的贸易伙伴，2019 年我国与“一带一路”沿线的国家和地区的贸易总值达 9.27 万亿元。我国的机械和自动化生产设备、电子通信机器配件、服装纺织行业在全球供应链中占比超过 30%，金属制品行业、零部件制造占比也超过 20%，在部分细分领域，我国已成为全球供应链的中心。近年来，随着制造业自主创新能力的增强，我国在全球产业链供应链中的地位还在不断提升，具有不可替代性，从而为我国构建制造业国内国际循环相互促进新发展格局提供了坚实的产业基础保障。

（二）拥有超大规模市场和巨大内需潜力

我国拥有近 14 亿人口、4 亿中产阶级、1.7 亿受过高等教育并拥有专业技能的人才资源、1 亿多个市场主体。2019 年，最终消费支出对国内生产总值增长的贡献率为 57.8%，消费作为经济增长的第一大动力得到巩固，这为我国具有超大规模的市场优势和内需潜力奠定了坚实的基础，是我国参与全球经济竞争的优势所在，也意味着我国具有稳固的“内在稳定器”和突出的风险化解能力。同时，近年来，我国外贸依存度持续走低，截至 2019 年底，我国外贸依存度降至 31.8%，低于 1997 年亚洲金融危机时期的水平。此外，2019 年末，我国常住人口城镇化率首次超过 60%。新型城镇化可以有效拉动投资需求和消费需求的大幅提升，从而释放巨大内需潜力。我国当前正处于新型工业化、城镇化、信息化和农业现代化加速发展的阶段，完全有能力形成以扩大内需为基点的发展模式，从而为我国构建制造业国内国际循环相互促进的新发展格局提供持续的发展动力。

（三）新一轮科技革命和产业变革带来新的发展机遇与发展空间

当前，新一轮科技革命推动全球产业呈现颠覆性创新与延续性创新并存的创新态势，全球以信息网络、智能制造、新能源和新材料为代表的技术创新浪潮，主要体现为信息技术与传统制造业相互渗透、深度融合，正在掀起新一轮产业变革，对制造业发展产生重大而深远的影响。智能制造、网络制造、柔性制造、绿色制造、服务型制造日益成为生产方式变革的方向。下一代通信网络、物联网、云计算等新一代信息技术从蓄势待发到日渐发展成熟，并越来越多地应用于制造业领域，改变了传统的制造模式、组织模式、管理模式和商业模式。尤其是互联网成为产业变革的先导力量，物联网、大数据、云计算等信息技术对传统制造业产生了颠覆性改革和重构。突如其来的新冠肺炎疫情更是加速了5G、云计算、大数据、工业互联网等新一代信息技术的广泛深入应用，催生出一批新经济、新业态、新模式，促进传统产业和基础设施转型升级，形成新的经济增长点，为我国构建制造业国内国际循环相互促进的新发展格局提供了新供给和新动能。

四、对策与建议

当前及未来“十四五”时期，为有效应对全球百年未有之大变局，我国制造业发展必须在危机中育新机，于变局中开新局，在深入推进供给侧结构性改革和扩大开放的同时，健全和完善制造业产业链供应链，并发挥国内大市场和龙头企业优势，为国民经济逐步形成以国内大循环为主体、国内国际双循环相互促进的新发展格局打下坚实基础并提供强大支撑。

（一）深入推进制造业供给侧改革，助推制造业国内大循环迈入良性运转轨道

当前，畅通制造业国内大循环，仍然需要解决制造业供给侧存在的结构性问题，即低端无效产能过剩和中高端有效供给不足的矛盾。为此，一是继续科学推进“去产能”，减少低端无效供给。创新“去产能”举措，更多地采用市场化、法制化的手段推进“去产能”，同时进一步完善税收体系和调节收入分配机制，弱化各级地方政府与产业产能之间的利益关系。二是加快“补短板”步伐，持续扩大有效供给。重点是进一步扩大中高端优质产品供给，推动制造业产业结构调整。应加快利用互联网、大数据等新技术和新商业模式推动传统产业改造升级，大力发展高新技术制造业。三是完善市场体制机制，努力构建公平竞争、价格灵活、优胜劣汰的有效市场，促进国内生产要素的良性循环，打通要素流动的堵点和痛点，促进国内市场人流、物流、资金流、信息流的循环畅通，为构建制造业国内大循环提供市场基础保障和优越的发展环境。

（二）深入扩大开放，促进制造业国际循环运转畅通

当前，应继续扩大对外开放，深入实施基于内需的经济全球化发展战略，畅通制造业的国际循环。一是以“一带一路”倡议为纽带，打造基于中国制造、中国创造为核心的国际生产体系。坚持高质量共建“一带一路”，遵循国际通行原则和市场原则，在沿线国家积极引入国内制造业价值链上的本土龙头企业的标准和品牌，顺应经济全球化横向分工的区域化集聚趋势，

加快布局“以我为主”的区域产业链体系。二是继续深化国际产能合作，努力将制造业企业有机嵌入国际产业链供应链，使其变为国际产业链供应链必不可少的组成部分。三是以当前全球抗疫合作为契机，持续加大对国际市场提供防疫物资、生活必需品和原料药物等，扩大国内制造业相关企业在全球产业链中的重要影响力并保障关键环节产品的生产和出口，维护国际市场供应链的稳定。

（三）狠抓关键环节和优化布局，健全和完善制造业产业链供应链

健全和完善制造业产业链供应链，是构建制造业国内国际双循环相互促进新发展格局的基础和保障。为此，一是把握当前疫情冲击导致全球产业链供应链出现本地化、分散化和区域化趋势，进而呈现出重构调整的有利时机，找准我国制造业产业链供应链存在的薄弱环节，组织力量开展协同攻关和集成研究，强化制造业重点领域、关键生产环节和生产工艺、核心零部件、关键材料等的技术研发，提升我国制造业的整体技术水平。二是发挥我国独立完整的工业体系优势，优化制造业全产业链发展布局。科学制定制造业区域空间布局规划，引导各地区根据不同的要素条件和资源禀赋，因地制宜地优化制造业生产力布局，完善国内产业链供应链。三是采取金融、财税和技术支持政策，引导各市场主体根据产业发展需要进行经济、合理的产业链供应链布局，逐步形成区域、产业、企业间的供应互补、生产互补和产业互补。

（四）发挥国内市场和龙头企业优势，推进制造业国内循环与国际循环良性互动

首先，要发挥我国超大规模市场的作用，不断优化外商投资环境，引进更多的海外高端制造业和关键零部件企业，特别是国外高端产业链落户国内，提升国内产业基础高级化和产业链现代化水平，与我国制造业企业一起打造先进制造业体系，形成畅通的国际循环向国内循环转化通道。其次，鼓励国内优秀制造业企业积极走出去投资海外市场，推动在海外投资的中国企业加大对国内原材料等资源品、轻工业产品、与项目配套的制造业产品以及生产性服务的采购，实现制造业国内循环向国际循环的转换。最后，面向国内国际两个市场和全球产业链供应链，建立协调化、网络化、开放式的统一平台，形成数据链联动、供应链协调、产业链协作、创新链共享的融合发展模式，统筹构建制造业国内国际双循环相互促进的新发展格局，实现两者的优势互补、互促互进、良性互动。

参考文献

[1] 陈雯、马京京：《构建国际国内双循环相互促进新格局面临的困难挑战及相关建

议》，载《中国经贸导刊》2020年第13期。
[2] 王力：《关于构建全球产业链、供应链和价值链的思考》，载《银行家》2020年第5期。
[3] 张辉：《以国内国际双循环引领新型全球化》，载《经济参考报》2020年8月10日。
[4] 赵忠秀、李杨：《疫情影响之下巩固我国在全球产业链供应链地位的思考及对策》，载《中国经贸导刊》2020年第6期。
[5] 李义平：《国内国际双循环：新发展格局的中国选择》，载《中国经济时报》2020年8月3日。
[6] 鄢一龙：《“双循环”的战略深意是什么》，载《瞭望》2020年第22期。
[7] 黄群慧：《畅通国内大循环 构建新发展格局》，载《光明日报》2020年7月28日。
[8] 韩永文：《健全和完善制造业产业链供应链》，载《经济日报》2020年6月10日。

Thoughts and Suggestions on The Construction of Domestic and International Dual circulation New Development Pattern of China's Manufacturing Industry

Houming Zhang

Abstract: Recently, the CPC Central Committee has put forward the major strategic measures of "taking the domestic major cycle as the main body and promoting the new development pattern of domestic and international dual circulation mutually". In the field of manufacturing industry, there are some prominent problems, such as the mismatch between supply and demand, the increasing risk of supply chain interruption in the industrial chain, and the mutual conversion of domestic and international circulation is not smooth. Therefore, the following countermeasures are put forward: further promote the supply side reform of manufacturing industry, boost the domestic large cycle of manufacturing industry into a benign operation track; deepen the opening-up to promote the smooth operation of international circulation of manufacturing industry; pay close attention to the key links and optimize the layout, improve and improve the supply chain of manufacturing industry chain; give full play to the advantages of domestic market and leading enterprises to promote the domestic circulation and international circulation of manufacturing industry Circulation and benign interaction.

Keywords: double circulation ; supply-side reform; new development pattern

粤港澳大湾区与北部湾空间经济网络和核心—边缘结构*

孙启明　李　栩　方和远　李　垚

摘　要：根据2016年粤港澳大湾区与北部湾的多指标数据评价城市综合经济质量，在改进的引力模型基础上分别构建了两区域的空间经济网络，并进行了核心—边缘层级识别，结合经济作用密度、经济影响度、经济敏感度和关键辐射路径，对两大湾区空间经济结构进行了比较与分析，得出以下结论：粤港澳大湾区经济实力整体远超北部湾，湾区与腹地呈现严重的非均衡发展态势，湾区城市经济发展水平远远超过腹地城市，北部湾内部则是腹地城市经济发展占据优势，湾区城市处于相对落后局面；粤港澳大湾区空间经济网络存在较为合理、有序的核心—半边缘—外边缘层级空间结构，但是在核心与外边缘城市之间存在一定空间断层，缺少中间城市发挥起承转合的作用。北部湾空间经济网络则呈现地理分布无序、城市层级界限不强的空间结构；粤港澳大湾区和北部湾以湛江为枢纽存在形成沿海城市带的潜力，两大湾区存在协同发展的空间。

关键词：粤港澳大湾区　北部湾　空间经济网络　引力模型　核心—边缘结构　社会网络分析

一、引　言

空间经济互动是指由人类经济活动导致的空间结构的变动，通过考察劳动力、资本、技术和信息在地理空间中的流动来刻画区域之间的经济联系与影响。湾区作为城市群的高级空间组织形式，由于地理位置优越、众多资源集聚、经济活动活跃和对外开放程度高等特点，成为了21世纪以来各个国

---

* 作者简介：孙启明（1955～），山东淄博人，教授，博士生导师，经济学博士，研究方向：区域产业协调发展，电子邮箱：sunqm99999@ bupt. com；李栩（1994～），河南叶县人，助研，研究方向：区域产业协调发展；方和远（1990～），安徽芜湖人，讲师，研究方向：区域产业协调发展；李垚（1982～），北京人，副教授，研究方向：文化教育产业发展。

家的主要发展对象。湾区由地理上相互临近且紧靠海洋的城市构成，湾区内部往往有多个核心城市带动湾区经济发展，且核心城市具有很强的辐射效应，可以推动周边腹地城市的发展，因此湾区深刻地影响着其所在区域的经济和社会变革。“十三五”规划在强调推动城市群作为我国新型城镇化建设的主体形式基础上，又提出了建设世界一流湾区——粤港澳大湾区的战略规划，而北部湾城市群不仅地理位置与粤港澳大湾区所毗邻，且两者共同处于“一带一路”倡议之下，同是“海上丝绸之路”通往东南亚的必经区。因此，研究两大湾区城市群的发展与建设，具有重要的理论与实际意义。

湾区经济主体的空间行为是湾区城市之间经济互动的外现，考察湾区内部城市的经济联系和空间经济结构，可以了解湾区的经济运行机制、合理规划城市职能和协调城市经济发展，从而有效提升湾区整体经济实力，更好地发挥对周边腹地的经济带动作用[1]。测度湾区城市之间的经济联系是识别湾区空间经济结构的前提，湾区城市之间的经济联系不仅取决于单个城市各项经济活动水平，还取决于地理区位、交通状况等因素[2]。国内学者对城市之间经济联系的测度主要基于引力模型和城市流模型两种方法，城市流模型运用劳动力流、物流、金融流、信息流等数据来描绘城市之间的经济互动，存在数据可得性、分析过程复杂等困难[3]，引力模型则因其易量化、全面性成为大多学者选择的方法，并在使用过程中得到了不断地改进[4]。刘继生从地理系统的广义假设为切入点推导了引力模型，解决了引力模型理论基础和经济意义不明确的问题[5]。贺欢欢运用城市流模型和引力模型分别测算了长株潭城市群内部经济联系，得出了长株潭城市群内部联系较弱、整体实力不强、外向服务有待提高的结论[6]。邓春玉以地缘经济关系理论为基础，结合城市流模型与引力模型，研究了环珠三角城市群的地缘经济关系和经济联系强度，对进一步发挥珠三角辐射效应提出了相应建议[7]。这两种方法虽然能够一定程度上反映城市间经济联系强度，但是难以体现城市群客观存在的网络结构特征。近年来，广泛应用于社会科学领域的社会网络分析法，则提出了描述经济网络空间关联、结构特征和演化特性的有效思路。彭芳梅在改进的引力模型基础上，用社会分析法构建了粤港澳大湾区及周边城市经济网络，对空间经济网络的中心性、中介性等结构特性进行了考察[8]。王方方等人用网络结构洞、节点关联度等方法，研究了粤港澳大湾区工业、金融、能源等子网络的特性[9]。但是，这些研究将大量的注意力放在了城市之间经济联系的量化测算，以及用经济网络形式图形化城市之间的经济联系之上，实际上并没有解决城市群内部城市等级划分、层级结构特性、经济联系路径识别等城市群空间结构形成和演化的问题。

实际上，湾区城市群的发展属于区域经济发展的范畴，在较早的经济学家对区域经济发展的研究中，核心与边缘理论从区域非均衡发展为切入点，阐述了伴随着城市空间结构的变化城市群形成的过程，从中可以找到湾区城市群空间结构形成和运作机制的理论基础。本研究运用多项指标综合测算城市的经济质量，并利用改进的引力模型分别考察粤港澳大湾区与北部湾内部城市之间的经济联系。然后，在核心与边缘理论的基础上，提出了核心—边缘结构模型，结合经济影响度、经济敏感度与关键辐射路径等指标，对两大湾区的城市空间经济网络与层级结构进行了全面考察。

二、两大湾区城市群核心—边缘结构及其识别

（一）湾区城市群核心—边缘结构的形成与作用机理

作为一个区域经济系统，湾区城市群具有的核心—边缘二元结构特性是区域“非均衡发展”的结果。佩鲁（Perroux）认为区域内的经济增长首先在某个“增长中心”出现，然后逐渐向周边区域扩散[10]。赫希曼提出（Hirschman）的极化涓滴效应理论认为，欠发达区域的生产要素流向发达区域，这个过程可以称为极化效应，发达区域反过来推动欠发达区域的经济发展这一过程称之为涓滴效应[11]。在《区域发展政策》一书中，弗里德曼（Friedman JR）通过将区域划分为核心和边缘两个结构要素，阐述了区域内的各个子系统从彼此孤立到非均衡发展，又进一步转变为相互关联的均衡发展的区域经济系统的过程，有效地对城市之间的经济联系与城市群的空间结构演变进行了解释[12]。通常来说，湾区城市群的核心城市拥有很大的经济规模与很高的增长潜力，同时对周边城市具有很强的辐射效应，这两个特性是一个城市能否成为区域内核心城市的关键。如果一个城市经济规模庞大，但是不能对周边城市的经济发展产生推动作用，则不能称之为核心城市。

实际上，核心城市不仅仅指一个城市，而是多个城市所组成的核心城市群，例如纽约大都会中的纽约、纽瓦克和泽西，旧金山湾区的旧金山、奥克兰和圣荷西。城市群核心—边缘结构的形成由“非均衡发展”态势而起，通过核心城市的辐射效应推动边缘城市发展，而最终向区域“均衡发展”演进，核心城市群与边缘城市群两个子系统在相互作用下组成了一个完整的区域经济系统。最初，区域内的城市零星散布，由于经济规模较小、地理距离较远，城市彼此之间的经济联系微弱，处于相对孤立的状态。随着铁路、公路等交通设施的发展，城市之间的经济联系逐渐密切起来。同时由于区位和禀赋的不同，城市之间相对优势逐渐凸显，位于沿海的港口城市凭借卓越的区位优势成为了区域内发展最为迅速的核心城市，从而确立了经济中心的地位。周边城市的劳动力、资本、技术等生产要素由于生产率、收益率和工资的差异逐渐流入核心城市并在此聚集。核心城市的经济规模不断地扩大，同时对周边城市产生辐射效应，输出先进的技术、过剩的资本、优越的制度和文化等，为带动整个区域的经济发展创造了先决条件。然后，由于辐射效应

存在空间距离衰减，最靠近核心城市的城市接受的辐射效应最强，经济发展得到有效地推动，逐渐向新的核心城市发展，而距离核心城市较远的城市受到的辐射效应较小，经济发展水平相对较低。在极化效应和辐射效应两大机制的相互作用下，区域内的城市形成了由核心城市到边缘城市等级分明、层次有序的核心—边缘空间层级结构。最终，随着各个城市经济实力的发展，区域非均衡发展向均衡发展演进。可用图 1 描绘具体演进过程。

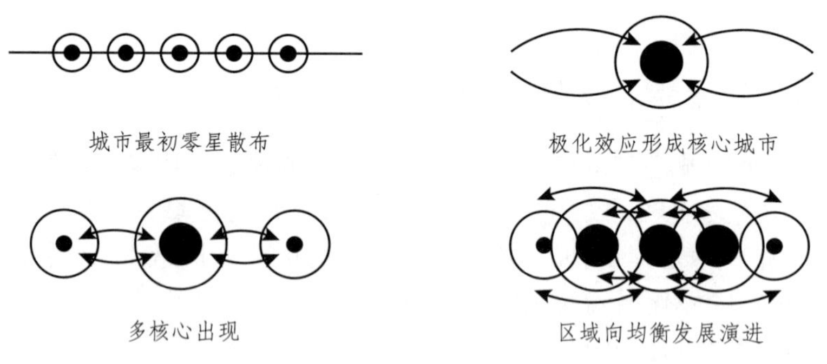

图 1　湾区城市群核心—边缘结构的形成与作用机理

（二）湾区城市群空间经济网络与核心—边缘结构识别

城市之间由于劳动力、资本、技术、商品的流动，形成了相互依存、相互促进的经济联系，这种经济联系和城市的区位特性共同构成了空间经济网络。在空间经济分析的方法中，引力模型合理地将经济因素、空间距离纳入考虑范围，可以有效地测度城市之间的空间经济联系，从而实现空间经济网络模型的构建。传统的引力模型只考虑城市的 GDP、人口和地理距离，在城市经济质量上考虑的方面较为狭窄，在城市距离上采用直线地理距离与现实情况有所偏差[13]。因此，本文对传统的引力模型进行了改进，将城市之间的经济联系强度设定为城市综合经济质量与最短运输距离构成的函数，具体表达式为：

$$TF_{ij} = g \cdot \frac{m_i m_j}{d_{ij} d_{ji}} \tag{1}$$

其中，城市 i 和 j 之间的经济联系强度用 TF_{ij} 表示，m_i 和 m_j 分别为城市 i 和 j 的综合经济质量，d_{ij} 和 d_{ji} 分别为城市 i 和 j 与对方之间的最短公路运输距离，g 为引力常量，在此取 1。

考虑到城市之间由于经济实力的差异会导致相互经济作用强度不同，同时经济作用方向也不同。因此，根据城市 i 和 j 的综合经济质量，对 TF_{ij} 进一步分解，公式如下：

$$TF_{ij} = F_{ij} + F_{ji} \tag{2}$$

$$F_{ij}=g\cdot\frac{m_i}{m_i+m_j}\cdot\frac{m_im_j}{d_{ij}d_{ji}} \tag{3}$$

$$F_{ji}=g\cdot\frac{m_j}{m_i+m_j}\cdot\frac{m_i\,m_j}{d_{ij}d_{ji}} \tag{4}$$

其中，F_{ij}表示城市 i 对城市 j 的经济作用强度，F_{ji}表示城市 j 对城市 i 的经济作用强度。

根据公式（3）和公式（4）依次计算不同城市之间的经济作用强度，可以获得城市空间经济作用强度矩阵：

$$M(i,\ j)=\begin{cases}F_{ij},\ i\neq j\\0,\ i=j\end{cases} \tag{5}$$

其中，当 $i\neq j$ 时，第 i 行 j 列元素表示城市 i 对 j 的经济作用强度。当 $i=j$ 时，表示城市对自己的经济作用强度，在此规定 $F_{ij}=0$。在空间经济作用强度矩阵的基础上，以城市为节点，城市之间的经济作用为边，对应的经济作用强度为权重，可以构建城市空间经济网络 CN[14]。

在城市空间经济网络中，城市节点的出边表示对外经济作用，入边表示受到外部的经济作用，边的权重越大经济作用强度越大。城市群的核心—边缘结构，应该具备以下特征：核心区城市之间的经济联系密切，具有很强的集聚效应；核心区城市对边缘区城市具有很强的辐射效应；边缘区城市之间的经济联系较弱。根据这三个特性，城市群的核心—边缘结构具体识别过程如下：

第一步：对于由 n 座城市组成的城市群，根据公式（3）、公式（4）求出 $n\times n$ 阶空间经济作用强度矩阵 M。

第二步：假设核心城市有 p 座，边缘城市有 q 座，选取 p 座城市的组合，将其在矩阵 M 中对应的行与列对换至前 p 行与前 p 列，实现对矩阵 M 的分块，从而得到核心与边缘（core-periphery）矩阵：

$$M_{c-p}=\begin{pmatrix}M_{cc} & M_{cp}\\M_{pc} & M_{pp}\end{pmatrix} \tag{6}$$

其中，$p\times p$ 阶子矩阵 M_{cc}表示核心区城市之间的空间经济作用强度，可以通过 M_{cc}的空间作用密度衡量核心区城市的集聚效应。$p\times(n-p)$ 阶子矩阵 M_{cp}表示核心区城市对边缘区城市的空间经济作用强度，可以通过 M_{cp}的空间作用密度，衡量核心区城市对边缘区城市的辐射效应。各个子矩阵的空间经济作用密度等于有效空间作用强度的平均数，以 M_{cc}为例具体公式为：

$$ED_{cc}=\frac{\sum_i\sum_j M_{cc}(i,\ j)}{n_{cc}} \tag{7}$$

其中，n_{cc}表示城市之间有效经济作用联系数量，不包括城市对自身的经济作用。

第三步：通过不断选取 p 座城市的组合，使得核心区城市的空间作用密度和核心区对边缘区的空间作用密度实现最大化，即求解：

$$\max(ED_{cc} + ED_{cp}) \tag{8}$$

所取的 p 座城市满足公式（8）时，核心—边缘结构最为显著，这 p 座城市即为核心城市，其余 n - p 座城市为边缘城市。通过上述过程识别城市群的核心—边缘结构有以下优势：核心区与边缘区的识别依据区域内部和区域之间的经济作用强弱，不依赖主观限定条件，划分标准客观；城市群是单核心还是多核心空间结构可以自动识别，且完全依赖于模型内生决定。

（三）基于城市群核心—边缘结构的指标体系

基于城市群核心—边缘结构的指标体系，主要从三个层面考虑：

第一个层面关注城市群核心—边缘空间经济结构，以核心—边缘空间经济网络图描绘城市群的空间经济结构特性，以前述的经济作用密度 ED 来体现不同区划之间的经济差异。

第二个层面以城市之间的经济作用强度为基点，基于核心城市和边缘城市的内涵，从城市经济影响度和经济敏感度两个方面，衡量城市对外部的辐射效应以及受外部辐射效应的强弱[15]。具体的，对空间经济作用强度矩阵的第 i 行求和，可以得到城市 i 的经济影响度，公式为：

$$EI_i = \sum_j F_{ij} \tag{9}$$

城市 i 的经济影响度反映了其在空间经济网络中对其他城市的经济辐射强弱。同样的，对空间经济作用强度矩阵 M 的第 i 列求和，可以得到城市 i 的经济敏感度 ES_i，公式为：

$$ES_i = \sum_j F_{ji} \tag{10}$$

城市 i 的经济敏感度反映了其在空间经济网络中受到其他城市经济辐射的程度。

第三个层面考察城市之间辐射效应的关键路径。无论城市经济质量的大小，还是城市之间地理距离的远近，城市之间都存在或强或弱的辐射效应，通过区分城市受到的辐射效应，确定每个城市最依赖的辐射效应来源路径，可以更好地描绘城市群的辐射效应结构。具体的，空间经济作用强度矩阵的第 i 列元素可以反映城市 i 受到其他城市辐射效应的强弱，利用该列的最大值可以确定对城市 i 最关键的辐射效应路径，公式如下：

$$L_i^{max} = \max(F_{1i}, F_{2i}, F_{3i}, \cdots, F_{mi}) \tag{11}$$

其中，L_i^{max} 为对城市 i 最关键的辐射效应路径，$\max(F_{1i}, F_{2i}, F_{3i}, \cdots, F_{mi})$ 用来计算城市 i 所受到的经济作用强度最大值。据此，通过计算城市依赖的辐射效应关键路径，可以全面、有效地刻画城市之间辐射效应的空间结构。

三、粤港澳大湾区与北部湾城市群核心—边缘结构实证与分析

（一）粤港澳大湾区和北部湾城市经济质量比较分析

根据国务院印发的《粤港澳大湾区发展规划纲要》，粤港澳大湾区为“9+2”格局，包括广州、深圳、佛山、珠海、中山、东莞、肇庆、惠州、江门9市，以及香港和澳门两个特别行政区。在《北部湾城市群发展规划》中，北部湾包括广西的南宁、北海、钦州、防城港、玉林、崇左，广东的湛江、茂名、阳江，以及海南的海口、儋州、东方、澄迈、临高、昌江总共15个城市。但是，世界一流的湾区不仅需要在湾区内部打造经济、金融与创新中心，还需要广阔的经济腹地为湾区发展提供各种经济资源，为湾区的未来扩展提供发展空间。同时，随着湾区的进一步发展，经济辐射效应会有效地推动腹地经济发展，湾区和腹地将会建立起来更为密切的经济联系。因此，本文在分析湾区时也将腹地城市纳入考虑之中，以更广阔的视角来研究湾区的空间经济网络，即粤港澳大湾区不仅包括规划的“9+2”城市，还包括广东省除湛江、茂名、阳江之外的共20个城市。北部湾除了规划内的15个城市，还包括广西其余的城市，共23个城市。这样的研究范围划分，不仅突出了湾区城市在区域经济中的主体地位，也考虑了湾区腹地城市的经济角色，可以对粤港澳大湾区和北部湾进行更全面的考察。

利用2016年国家统计局的广东、广西、海南以及港澳特别行政区的相关经济指标计算城市的经济质量。鉴于全面性、可获得性等原则选取人口总数、生产总值、就业人口等共10个指标，用因子分析法确定各个指标的权重。在KMO和巴特利特检验结果中，KMO取样适切性量数为0.728，说明选取的指标适合因子分析法处理，具体指标、含义与权重如表1所示。

表1　计算城市经济质量的指标与权重

编号	指标名称	指标含义	权重
1	人口总数（万人）	人口规模	6.8%
2	生产总值（亿元）	经济总量	11.9%
3	就业人口（万人）	就业规模	7.9%
4	固定资本形成（亿元）	投资水平	11.0%
5	进出口总额（亿美元）	外贸实力	10.2%
6	第三产业产值（亿元）	产业结构	11.9%
7	政府开支总额（亿元）	政府职能	11.4%
8	制造业从业人数（人）	制造业实力	6.0%

续表

编号	指标名称	指标含义	权重
9	金融业从业人数（人）	金融业实力	11.6%
10	旅游业收入（亿元）	休闲实力	11.2%

对各个指标去量纲处理，根据权重求得加权平均数，可以得到的粤港澳大湾区与北部湾区城市的经济质量（港澳数据中以港元和澳门元为单位的指标，按照2016年平均汇率转换为人民币单位），结果以百分制显示。编号1～20对应的城市隶属粤港澳大湾区，编号21～43的城市隶属北部湾，具体情况如表2所示。

表2 我国新型城镇化包容性发展水平一览表

编号	城市	经济质量	编号	城市	经济质量	编号	城市	经济质量
1	香港	77	16	肇庆	12	31	贺州	5
2	澳门	11	17	清远	10	32	河池	6
3	广州	74	18	潮州	6	33	来宾	4
4	深圳	76	19	揭阳	13	34	崇左	6
5	珠海	11	20	云浮	7	35	海口	11
6	汕头	13	21	南宁	27	36	儋州	2
7	佛山	30	22	柳州	13	37	东方	0
8	韶关	8	23	桂林	15	38	澄迈	1
9	河源	8	24	梧州	7	39	临高	0
10	梅州	11	25	北海	6	40	昌江	0
11	惠州	17	26	防城港	3	41	阳江	7
12	汕尾	7	27	钦州	7	42	湛江	17
13	东莞	28	28	贵港	8	43	茂名	15
14	中山	13	29	玉林	11			
15	江门	14	30	百色	8			

从表2可以看出，粤港澳大湾区内的湾区城市和腹地城市经济质量差距巨大。湾区城市的经济质量总和达到了363，平均经济质量为33，腹地城市的经济质量总和为83，平均经济质量仅为9.2。在湾区城市中，香港、广州和深圳三市的经济质量分别为77、74和76，远超城市平均水平，且三市经济质量差距不大。佛山和东莞的经济质量分别为30、28，处于中间层次，和香港、广州、深圳存在很大的差距，但又比其余城市高出一截。其余的湾区

城市经济质量不高，湾区西岸的中山、江门、珠海分别为 13、14、11，澳门虽为特别行政区，但是经济质量只有 11，非沿岸城市肇庆和惠州分别为 12 和 17。相比于湾区城市，腹地城市的经济质量相差较远，揭阳和汕头达到了 13，勉强追上湾区城市的尾部水平，其余城市普遍在 10 以下。这说明，粤港澳大湾区内的湾区城市与腹地城市之间的非均衡发展态势明显，湾区城市的经济发展处于绝对的领先地位。

相比之下，北部湾内的湾区城市和腹地城市的经济质量相差不大。湾区城市的经济质量总和为 113，平均经济质量为 7.5，腹地城市的经济质量总和为 66，平均质量为 8.3。南宁作为广西的首府，经济质量达到了 27，但若是将南宁与粤港澳大湾区各市比较，也仅仅是处于中等水平。北部湾中经济发展处于前列的湛江、茂名、玉林分别为 17、15 和 11，其中前两者是广东的城市。海南的多个城市的经济发展则更加薄弱，除了海口市为 11，其余城市处于极低水平，数值接近于 0。相比之下，腹地城市中的桂林和柳州经济质量分别达到了 15 和 13，比大多数湾区城市要高。可以看出，北部湾无论是在整体经济实力上，还是在经济实力突出的城市个体上，都与粤港澳大湾区存在极大的差距，佛山、东莞的经济质量在北部湾中已经可以占据首位，最末尾的潮州、云浮两市在北部湾中也可以排到中流的位置。同时，北部湾湾区城市经济发展相对落后，而部分腹地城市的经济发展相对超前，也与粤港澳大湾区的情况相反。

（二）粤港澳大湾区和北部湾空间经济网络核心—边缘结构比较分析

根据粤港澳大湾区和北部湾城市经济质量以及城市间最短公路运输距离（千公里），可以分别求得两者的城市空间经济作用强度矩阵，在此基础上进行核心—边缘结构识别。第一次核心—边缘识别将城市划分为核心区与边缘区城市，在边缘区城市的基础上进行第二次识别，最终得到核心区、半边缘区、外边缘区的城市空间层级结构。以各层级城市为节点，空间经济作用强度矩阵为邻接矩阵，可以绘制两大湾区的空间经济网络核心—边缘层级图，具体如图 2 所示，其中节点编号代表城市与表 2 相同，节点大小赋予相应的城市经济质量。

具体的城市层级划分情况如表 3 所示。可以看出，粤港澳大湾区核心城市有 3 个，分别为香港、广州、深圳，半边缘城市有澳门、珠海、佛山、惠州、东莞、中山和江门共 7 个，外边缘城市包括汕头、韶关、河源、梅州等共 10 个。北部湾核心城市有南宁、柳州、桂林、玉林、海口、湛江、茂名 7 市，半边缘区城市包括梧州、北海、钦州、贵港等 8 市，外边缘区包括防城港、贺州、来宾等 8 个城市。

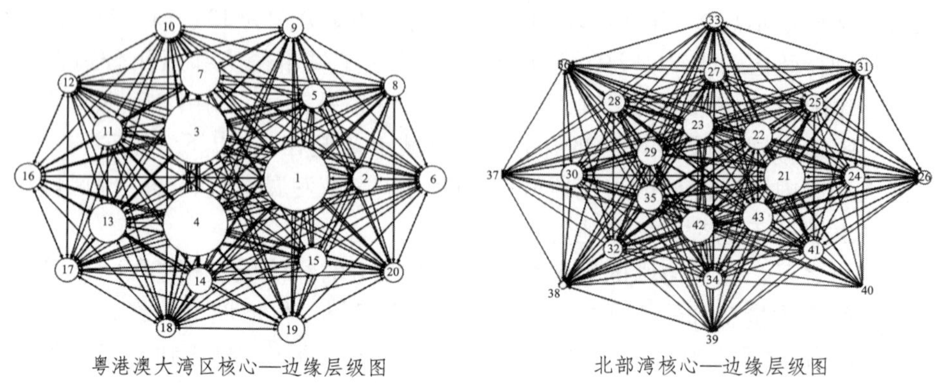

粤港澳大湾区核心—边缘层级图　　　　北部湾核心—边缘层级图

图 2　粤港澳大湾区和北部湾空间经济网络核心—边缘层级图

表 3　粤港澳大湾区与北部湾城市层级划分

	粤港澳大湾区	北部湾
核心城市	1、3、4	21、22、23、29、35、42、43
半边缘城市	2、5、7、11、13、14、15	24、25、27、28、30、32、34、41
外边缘城市	6、8、9、10、12、16、17、18、19、20	26、31、33、36、37、38、39、40

从地理位置分布上看，粤港澳大湾区的核心城市和半边缘城市集中分布于环珠江口地区。其中，香港、澳门和深圳位于湾区出海口，是湾区与世界经济交流的前沿阵地，广州位于珠江口入海口，是连通湾区与腹地的枢纽。佛山、江门、中山依次分布在湾区西岸，位于西江与珠江口之间，具有海运和河运双重优势，只有惠州不直接毗邻海岸，但是具有紧临东莞和深圳的地理优势，是连接湾区与粤东之间的枢纽。在外边缘城市中，肇庆为湾区规划内城市，地处西江、北江和珠江三江交汇处，是湾区与粤西的海上纽带，但与湾区地理距离较远。沿海的汕头、揭阳、潮州三市处于偏远的粤东，彼此地理距离相近，有形成小规模城市圈的区位可能。梅州、韶关、清远、云浮、河源处于内陆腹地，距离海岸和湾区距离较远。汕尾虽然南临大海，但是其余三面不与任何城市相接近，几乎处于孤立状态。可以看出，粤港澳大湾区城市的地理区位分布具有明显的非均衡性，核心和半边缘城市较为集中，密集分布在环珠江口的相对狭小空间，而外边缘城市则散布在广阔的腹地，只有零星几座城市相互临近。北部湾核心城市的分布较为无序，与粤港澳大湾区大不相同。海口、湛江、茂名 3 市之间距离较近，围绕在琼州海峡附近，占据东南亚各国与粤港澳大湾区经济交流的重要海上航道。南宁、柳州、桂林、玉林零散分布于北部湾腹地，彼此之间距离较远。在半边缘城市中，北海和钦州是北部湾沿海城市，具有邻接大海的天然优势。整体上，北

部湾各个层级城市的地理分布比较零散，核心城市与边缘城市的空间分布较为无序。核心城市大部分散布在腹地，没有形成密集的城市聚集区，湾区沿岸的城市虽有聚集现象，但所处的城市层级较低。

从城市经济实力分布上看，粤港澳大湾区香港、广州、深圳 3 个核心城市的经济质量总和为 227，超过了区域总值的一半，与半边缘区和外边缘区城市相比，占据绝对的经济优势。半边缘城市只有 7 个，少于外边缘城市数量，但是经济质量总和达到了 124，要大幅度高于外边缘城市的 95，经济实力整体处于相对领先地位。其中佛山、东莞两市经济实力突出，在半边缘城市中处于经济领头地位。在外边缘城市中，也只有汕头和揭阳的经济实力尚可，其余城市的经济实力普遍较弱。可以看出，粤港澳大湾区城市的经济实力存在明显的层次性，从核心城市向外边缘城市，城市经济发展水平随层级结构具有向下的梯度。北部湾核心城市的经济质量总和为 109，也超过了区域总值的半数，半边缘和外边缘城市的经济质量总和分别为 55 和 15，从核心区到外边缘区也存在经济发展水平的梯度。但是，北部湾各层次城市数量相对均衡，相比于粤港澳大湾区经济高度集中于少数核心城市而言，北部湾核心城市并没有过于突出的经济实力，这可能是由于南宁、柳州、桂林等城市与香港、广州、深圳之间存在巨大的经济实力差距。同时，海南北部的澄迈、临高、儋州等大多属于北部湾外边缘城市，广西的防城港、北海、钦州也不是核心城市，虽然这些城市具备沿湾优势，但是经济发展却处于极低的水平，这与粤港澳大湾区沿湾城市经济高度发达的情况截然不同，这与海南和广西的整体经济实力不强有一定关系。

经济作用密度可以反映城市层级内部与城市层级之间的经济联系。粤港澳大湾区核心城市内部的经济作用密度高达 9715，核心城市之间的经济联系密切，核心城市对半边缘和外边缘城市的经济影响极强，经济作用密度分别达到了 3256 和 1252。同时，核心城市内部经济作用密度与核心城市对半边缘城市经济作用密度之比为 2. 98，核心城市对半边缘城市经济作用密度与核心城市对外边缘城市经济作用密度之比为 2. 6，两者数值较为接近，说明核心城市的辐射效应由内向外呈现明显的阶梯形，合理的辐射效应层次更有利于粤港澳大湾区核心城市发挥区域经济增长极的作用。北部湾核心城市内部的经济作用密度为 216，核心城市对半边缘和外边缘城市的经济作用密度分别为 138、46，各项数值都与粤港澳大湾区存在很大的差距。北部湾核心城市的辐射效应较弱，有两方面的原因：首先，辐射效应的强弱依赖于城市自身的经济实力，北部湾的核心城市经济实力与粤港澳大湾区相比存在难以逾越的差距，这使得核心城市辐射效应从源头就很弱；其次，辐射效应随着地理距离的增加而衰弱，北部湾城市分布较为分散，核心城市辐射效应的距离衰减较强。因此，北部湾核心城市的辐射效应无论强度还是层次性，都不如粤港澳大湾区。

（三）粤港澳大湾区和北部湾城市辐射效应比较分析

建立空间权重矩阵。城市空间经济作用强度矩阵可以反映城市之间的辐射效应强度，通过对横行求和以及纵列求和分别得到各个城市的经济影响度与经济敏感度，可以反映城市的区域经济影响力与受外部的经济影响程度。粤港澳大湾区的香港、广州、深圳经济影响度分别高达 54146、53894 和 56180，三市的经济发展对区域其他城市有巨大的推动作用，是推动区域经济发展的引擎。半边缘城市由于距离香港、广州、深圳较近，受到辐射效应较强，经济敏感度普遍较高，但半边缘城市的经济规模参差不齐，经济影响度的幅度很大。其中，佛山与广州城区相连，东莞北邻广州南接深圳，两市距离核心城市较近，受到的辐射效应极强，经济敏感度分别高达 21408 和 20052。同时，佛山和东莞的经济影响度也达到了 16677 和 14888，随着两市经济的进一步发展，有望成为区域内的次级辐射中心。惠州的经济敏感度与经济影响度分别为 12823 和 6279，该市位于湾区东岸与粤东腹地中间，接受湾区城市向西的辐射，并进一步向东辐射，推动粤东各市的经济发展。澳门由于区域狭小，经济规模受到限制，经济影响度仅有 3426 和临城珠海的 3693 相近，略低于中山、江门的 4437 和 4843，四市的经济实力、地理位置等情况整体上较为接近。相比之下，粤港澳大湾区外边缘城市的辐射效应很微弱，主要处于接受其他城市辐射带动的发展阶段。肇庆临近广州和佛山，受两市经济影响较大，经济敏感度高达 8719，但是对外辐射效应却较小。揭阳、潮州和汕头三市由于彼此距离相近，在粤东形成了较小的城市圈，其中揭阳是承接湾区辐射效应的主要城市，经济敏感度达到了 7084。韶关、梅州和云浮位于腹地深处，与其他城市位置较远，处于相对孤立的位置，经济实力薄弱，对外经济影响更是有限（见表 4）。

表 4　　粤港澳大湾区和北部湾城市经济影响度与经济敏感度

城市	经济影响度	经济敏感度	城市	经济影响度	经济敏感度	城市	经济影响度	经济敏感度
香港	54146	28015	肇庆	3288	8719	贺州	399	902
澳门	3426	9538	清远	2696	8276	河池	619	1116
广州	53894	24481	潮州	963	3865	来宾	369	1011
深圳	56180	29546	揭阳	3500	7084	崇左	705	1271
珠海	3693	10043	云浮	1153	4932	海口	1520	1458
汕头	3220	6709	南宁	5800	2050	儋州	77	389
佛山	16677	21408	柳州	2160	1832	东方	4	83

续表

城市	经济影响度	经济敏感度	城市	经济影响度	经济敏感度	城市	经济影响度	经济敏感度
韶关	1519	5170	桂林	2211	1636	澄迈	38	296
河源	1742	6148	梧州	895	1339	临高	5	104
梅州	2260	5730	北海	686	1265	昌江	0	25
惠州	6279	12823	防城港	289	892	阳江	828	1259
汕尾	1194	5019	钦州	903	1482	湛江	3184	2055
东莞	14888	20052	贵港	1062	1571	茂名	2623	1970
中山	4437	11209	玉林	1867	1878			
江门	4843	11233	百色	854	1215			

与粤港澳大湾区相比，北部湾核心城市的区域经济影响普遍不强，腹地城市的经济影响与沿湾城市不相上下。南宁是区域最具经济影响力的城市，但是经济影响度差不多仅为深圳的 1/10，数值为 5800，柳州、桂林和玉林经济影响度分别为 2160、2211 和 1867，此四市同属于腹地城市，相互之间距离较远，且与各自周围城市也有一定距离，辐射效应的发挥受到地理距离衰减影响较大。地处琼州海峡的湛江、茂名经济影响度分别为 3184 和 2623，两市与海口在北部湾东侧构成了经济活跃的城市聚集区，是该区域的经济增长极。与粤港澳大湾区情况截然不同的是，钦州、北海和防城港三市虽然处于湾区沿岸，但是经济影响度微弱，在整个区域处于中下水平，与梧州、百色、河池、贺州、贵港和来宾等腹地城市相近。但是，三市经济敏感度却是区域内的高水平，分别为 1482、1265 和 892，主要受到来自南宁和湛江的辐射效应，具有较强发展潜力。儋州、东方、澄迈、临高、昌江五市属于海南，经济实力本身就极为薄弱，对外几乎没有辐射效应，没有充分发挥自身的沿湾优势。

通过城市之间辐射效应的关键路径，可以结合区位因素更清晰的考察区域内的辐射效应空间结构。粤港澳大湾区及腹地城市中，香港、广州和深圳是主要的经济辐射源。其中，香港作为粤港澳大湾区的对外经济交流门户城市，在湾区中具有独一无二的经济活力，深圳与香港几乎城区相接，是内陆城市对接香港的最前沿，两市一直以来的“前店后厂”经济模式让深圳对香港的经济依赖程度很高，但随着深圳金融行业、科研行业的发展，这种形势有逐渐被削弱的趋势。珠海和澳门是湾区西岸的门户，两市与香港相比经济规模要差很多，近几年港珠澳大桥的通车彻底重塑了三市的空间结构，大大缩短了空间距离，加强了三市的经济联系。深圳是湾区对粤东的主要经济辐射源，凭借庞大的经济规模与经济增速，依然可以对距离甚远的揭阳、汕头和潮州等市起到举足轻重的影响。但是，在深圳与粤东经济交互中，缺少中间城市作为辐射效应的传递桥梁，这使得辐射效应的距离衰减效应明显，同时粤东各市的地理形态上聚集程度较高，一定程度上也会分散深圳的辐射效应。广州是湾区与西部腹地和北部腹地的经济辐射源，是连接湾区城市与腹地深处的韶关、清远和云浮的枢纽，广州与佛山城区相接，两者近几年一体化发展趋势明显，强强融合之后必会在区域内形成更强大的经济影响力。而佛山处于西江、珠江交汇处，是湾区与内陆的水上交通枢纽，且局部上处于江门、云浮、清远、肇庆的地理中心，在广州过强的经济地位之下没有发挥出地理优势。同样的，惠州作为粤港澳大湾区向东的延伸，对于揭阳、汕尾、潮州组成的城市圈也没有关键辐射路径。可以看出，除了香港、深圳、广州之外不存在其余城市的关键辐射路径，三市推动整个区域经济发展的负担很重，缺乏湾区向腹地延伸的中间城市。

在北部湾城市群中，南宁是内陆城市的主要经济辐射源，区域内绝大多数城市对南宁的经济推动都存在很大的依赖性，但是南宁与赣北各市地理距离遥远，与海南北部城市有北部湾阻隔，辐射效用的传播具有很大的阻碍。海口和湛江是北部湾东部沿海的经济辐射源，海口对临高和澄迈的经济带动至关重要，随着海南自由贸易港建设工作的推进，海口有望成为北部湾面向东南亚的海上贸易枢纽，在局部区域扮演更重要的经济角色。湛江则对同是沿海的茂名存在关键影响，作为北部湾与海南的对接城市，也是粤港澳大湾区与北部湾沿海城市带的中轴，在未来具有串联两大湾区和海南自由贸易港的地理区位优势。防城港、钦州、北海三市在局部呈现集聚趋势，但是受限于经济规模，并没有发挥出湾区城市应有的辐射效应。整体上，北部湾城市群的空间辐射结构较为单一，严重依赖南宁的经济带动，海口和湛江在北部湾东部具有一定影响，具有很大的发展潜力，但当下对外辐射带动能力不强，防城港、钦州、北海空有区位优势，没有起到应有的带动湾区经济发展的作用。

四、研究结论与建议

（一）两大湾区内部存在不同的非均衡发展态势

粤港澳大湾区内的核心城经济质量超过区域半数，且地理上主要分布于湾区附近，具有很强的集聚形势，让区域内呈现明显的湾区与腹地的非均衡发展态势。而北部湾城市群则恰恰相反，其核心城市南宁、桂林、柳州等主要集中在腹地之内，只有海口、湛江、茂名临近湾区，很多具有区位优势的沿湾城市没有得到充分发展。因此，现阶段粤港澳大湾区应该加强湾区城市的经济联系，进一步推动佛山、中山、江门等城市的经济发展，同时着手增强湾区城市内部与腹地城市之间的经济互动，利用香港、广州、深圳经济增长极的作用，推动区域非均衡发展向均衡发展演进。而北部湾应该关注沿海城市的区位优势，在北部湾中部推动钦州、防城港、北海一体化，形成具有一定规模的城市圈，在北部湾东部提升湛江、海口的经济作用，打造北部湾城市群的沿海增长极，充分发挥湾区的临海优势。

（二）两大湾区城市空间结构存在不同程度的断层

粤港澳大湾区的主要经济动力来源于湾区各城市，腹地城市经济发展相较之下十分落后，一定程度上是因为腹地城市距离湾区较为遥远，而且湾区、腹地之间存在空间结构断层，核心城市辐射效应存在严重的距离衰减效应。同时，深圳和广州两市肩负推动湾区东西两侧腹地发展的要务，经济职能负担较重。因此，可以在推动广佛一体化的基础上，提升佛山的经济地位，让佛山成为湾区西侧腹地的次级辐射中心，以分担广州的部分城市职能。在湾区西岸推动深莞惠一体化，以东莞为次级辐射中心，以惠州为中间城市，分担深圳向东侧腹地辐射的压力。并可以进一步加强揭阳、潮州与汕尾的经济联系，打造粤东小城市圈，实现与湾区对话的一致性，避免分散来自于湾区的辐射效应。

北部湾城市群空间结构断层存在于核心城市之间，北部湾核心城市经济实力整体较弱，地理位置又极为分散，形成了城市个体经济质量不行，又不能形成城市聚集区的情况。湛江、海口看似临近，但有琼州海峡相隔，阻碍了两市的经济交互，通过建设琼州海峡跨海大桥等跨海交通基础设施，两市情况会大大改善，在发展初期可以依托海南自由贸易港打造类似于香港 - 深圳经济模式的海南—湛江经济模式。同时，应该充分利用防城港、钦州、北海的绝佳地理位置，推动此三市成为串联北部湾东部与南宁的枢纽城市圈，形成以南宁为腹地中心城市，以茂名、湛江、防城港、钦州、北海为沿海城市带的一点一带的发展局势。

（三）两大湾区具有协同发展的潜力

粤港澳大湾区与北部湾存在经济协同发展的基础。北部湾中的湛江、茂名、阳江实际上是广东省城市，但湛江却是北部湾规划下的副中心城市，在享受北部湾发展资源倾斜的同时，与粤港澳大湾区城市政策对接不存在壁垒。随着粤港澳大湾区经济辐射区沿海向西扩张，北部湾防城港、钦州、北海的发展，湛江可以在两大湾区之间起到起承转合的作用，从而在南部沿海形成媲美长三角城市群的沿海经济带。同时，海南自由贸易港地位的确立，让其有望成为面向南海的门户城市，利用其与粤港澳大湾区海上通道的便利，可以实现两大湾区的海上直接经济互动，从而达到海陆互通双向协同局面。更重要的是，两大湾区是位于一带一路沿线关系最为紧密的区域之一，共同承担着我国与东南亚各国经济交流的重任。由此可见，两大湾区未来携手共进只是时间问题。

参考文献

[1] 马忠新、伍凤兰：《湾区经济表征及其开放机理发凡》，载《改革》2016 年第 9 期。

[2] 薛东前、姚士谋、张红：《关中城市群的功能联系与结构优化》，载《经济地理》2000 年第 6 期。

[3] 王欣、吴殿廷、王红强：《城市间经济联系的定量计算》，载《城市发展研究》2006 年第 3 期。

[4] Karemera D, Oguledo V I, Davis B. A gravity model analysis of international migration to North America [J]. *Applied Economics*, 2000, 32 (13): 1745 – 1755.

[5] 刘继生、陈彦光：《分形城市引力模型的一般形式和应用方法——关于城市体系空间作用的引力理论探讨》，载《地理科学》2000 年第 6 期。

[6] 贺欢欢、吕斌：《长株潭城市群经济联系测度研究》，载《经济地理》2014 年第 7 期。

[7] 邓春玉：《珠三角与环珠三角城市群空间经济联系优化研究》，载《城市问题》2009 年第 7 期。

[8] 彭芳梅：《粤港澳大湾区及周边城市经济空间联系与空间结构——基于改进引力模型与社会网络分析的实证分析》，载《经济地理》2017 年第 12 期。

[9] 王方方、杨焕焕、刘猛：《粤港澳大湾区空间经济结构与网络协同发展的实证》，载《统计与决策》2019 年第 13 期。

[10] 安虎森：《增长极理论评述》，载《南开经济研究》1997 年第 1 期。

[11] 蔡书凯、倪鹏飞：《极化抑或涓滴：城市规模对农业现代化的影响》，载《经济学家》2017 年第 7 期。

[12] 杨友孝：《约翰·弗里德曼空间极化发展的一般理论评介》，载《经济学动态》1993 年第 7 期。

[13] Ewing G O. Gravity and linear regression models of spatial interaction: a cautionary note [J]. *Economic Geography*, 1974, 50 (1): 83 – 88.

[14] Dietzenbacher E. Interregional Multipliers: Looking Backward, Looking Forward [J]. *Regional Studies*, 2002 (36): 125 – 136.

[15] Kitsak M, Gallos L K, Havlin S, et al. Identifying Influential Spreaders in Complex Networks [J]. *Nature Physics*, 2010, 6 (11): 888 – 893.

Spatial Economic Network and Core Periphery Structure of Guangdong – Hong Kong – Macao Greater Bay Area and Beibu Gulf

Qiming Sun Xu Li Heyuan Fang Yao Li

Abstract: Based on the multi index data of Guangdong – Hong Kong – Macao Greater Bay and Beibu Gulf in 2016, the comprehensive economic quality of the city is evaluated. On the basis of the improved gravity model, the spatial economic network of the two regions is constructed, and the core peripheral level recognition is carried out. The spatial economic structure of the two regions is carried out in combination with the economic action density, economic loudness, economic sensitivity and key radiation path. Through comparison and analysis, the following conclusions are drawn: the overall economic strength of Guangdong – Hong Kong – Macao Greater Bay is far beyond the Beibu Gulf, and the bay area and hinterland show a serious unbalanced development trend. The level of economic development of the bay area city is far higher than that of the hinterland city. The inner part of Beibu Gulf is the advantage of the hinterland city's economic development, and the bay area city is in a relatively backward situation. The spatial economic network of Guangdong – Hong Kong – Macao Greater Bay exists The core semi peripheral outer peripheral hierarchical spatial structure is more reasonable and orderly, but there is a certain space fault between the core and the outer peripheral cities, and there is a lack of intermediate cities to play a role of transition. The spatial economic network of Beibu Gulf presents a spatial structure with disordered geographical distribution and weak urban hierarchical boundaries; Guangdong – Hong Kong – Macao Greater Bay and Beibu Gulf have the potential to form a coastal urban belt with Zhanjiang as the hub, and there is a space for coordinated development in the two Bay areas.

Keywords: Guangdong – Hong Kong – Macao Greater Bay; Beibu Gulf; spatial economic network; gravity model; core peripheral structure; social network analysis

贸易摩擦新常态下中美制造业贸易调整成本经验研究*

曹子瑛　肖六亿

摘　要：文章基于产业内贸易视角对中美制造业贸易引致的劳动力调整成本展开经验研究，结果表明：1998～2019 年中美制造业总体上以产业间分工为主，但边际产业内贸易特征显著。劳动和低技术密集型行业边际产业内贸易水平提升较快，但产业间贸易形态未明显改变，中高技术密集型行业边际产业内贸易水平较高，拉动制造业整体产业内贸易水平缓慢提升。较高的产业内贸易静态和动态水平、较低的贸易自由度和更积极的就业政策均能有效降低中美制造业贸易调整成本，世界贸易不确定性提高会对劳动密集型行业就业造成显著短期冲击。以“高关税”为特征的摩擦新常态下，中美制造业贸易总体调整成本较高，但随出口绩优部门对美贸易平衡化呈现长期下降趋势。建议从提升中美制造业产业内贸易水平、扩大开放、实施有效稳预期和稳就业政策方面着手缓解调整压力。

关键词：中美制造业　贸易调整成本　边际产业内贸易

随着经济开放度提高和全球分工体系深化，国际贸易加速资源、资本、劳动力等生产要素在部门内部或部门间进出。而当市场无法对要素供需变化做出及时调整时，将产生“贸易引致型调整成本”。其中，劳动力调整成本主要包括工作搜寻、再培训等支出和暂时性失业等福利损失（Brülhart，2002）。

1998～2017 年，中美货物出口额和进口额分别以年均 13.6% 和 12.4%

---

* 作者简介：曹子瑛（1982～），湖北武汉人，经济学博士，湖北师范大学经济管理与法学院讲师，研究方向：国际贸易与就业，电子邮箱：953595825@qq.com；肖六亿（1970～），湖北黄冈人，经济学博士，湖北师范大学经济管理与法学院教授、硕士研究生导师，研究方向：宏观经济。

基金项目：湖北省社会科学基金重点项目“中美贸易摩擦对湖北省就业的影响评估与对策研究”（HBSK2019ZD029）；湖北师范大学人才引进资助项目“中美关税政策对湖北省就业直接冲击效应研究（HS2019RC001）”。感谢“钟契夫国民经济学科发展基金会”资助。

的速度快速增长，制造业贸易比重超过 90%。金融危机之后美国在华市场份额仍保持 13% 以上，且连续 22 年高居第二位。中美贸易摩擦自 2018 年 3 月爆发后持续升级，对中国制造业绩效与就业造成直接冲击。即使 2020 年 2 月第一阶段经贸协议生效后，数千亿美元商品依旧面临高关税，"摩擦" 俨然已成为中美经贸关系的新常态①。新常态下，中国制造业将承担怎样的贸易调整成本呢？应当如何有效应对？这些问题关乎我国"稳就业"大局，亟待研究。

一、文献回顾

中美贸易摩擦爆发后，学界围绕其对中美两国的就业效应展开估计。主要估计方法包括两种：一种是假定情景下基于政策模拟采用一般均衡或局部均衡模型进行模拟（崔连标，2018；Bollen and Rojas – Romagosa，2018；Guo et al.，2018），另一种是事实情境下基于中美征税清单与进出口商品匹配结果依据关税传导系数、进出口价格弹性和贸易就业弹性进行估算（国泰君安研究院，2018&2019；国务院发展研究中心，2019）。对中国就业的影响分析认为直接就业冲击总体可控，相关产业和企业遭受的冲击及间接影响可能更需关注。上述方法关注在关税政策冲击下，贸易流量变化引起的就业总量变化。而大量有关贸易调整成本的研究表明，就业总量变化将产生何种程度的调整压力与贸易形态密切相关。巴拉萨（Balassa，1960）提出"平滑调整假说"（Smooth Adjustment Hypothesis，SAH），认为产业内贸易形态的产品生产对劳动力技能要求高于产业间贸易，产业内贸易引致失业人口则更容易在同产业间再就业，其调整成本会比产业间贸易更低。自此，就业调整成本研究围绕成本测度和影响因素研究两方面展开。

首先，调整成本度量方法包括直接度量与间接度量。其中，直接度量指标包括工资变异性、失业持续时间、行业间和职业间工人转换量（Brülhart and Elliott，2002；Brülhart、Elliott and Lindley，2005；Carbral and Silva，2006）、行业就业人数等（佟家栋、刘钧霆，2006；许统生，2012 等）；间接代理指标的设计基于巴拉萨（1960）的"平滑调整假说"（Smooth Adjustment Hypothesis，SAH），其认为产业内贸易形态的产品生产对劳动力技能要求高于产业间贸易，产业内贸易引致失业人口更容易在同产业内再就业，调整成本会比产业间贸易更低，即产业内贸易水平与贸易调整成本负相关。由于 SAH 被大量实证检验证实，有学者直接采用代表产业内贸易水平的指数间接度量调整成本。静态指数中用以刻画某一时点产业内贸易水平的 G – L

① Chad P. Bown. Phase One China Deal: Steep Tariffs Are the New Normal. PIIE, December 19, 2019.

指数应用最广泛（柳剑平、张兴泉，2009），但其无法描述“调整”这一动态现象。因此，汉密尔顿和奈斯特（Hamilton and Kniest，1991）首次提出使用贸易总额变动中产业内贸易的份额即“边际产业内贸易指数”（Marginal Intra－Industry Trade Index，MIIT）来呈现动态变化。在其后许多改进方法中，A 指数、B 指数、S 指数最为常用（佟家栋、刘钧霆，2006；莫莎、刘朝霞，2010）。然而，越来越多经验研究发现 SAH 的适用性并非必然（郑晶、苏国宝，2012），在验证适用性前直接以 MIIT 指标度量调整成本的做法并不科学（李江等，2017）。

其次，调整成本影响因素的研究中，布鲁哈特（Brülhart，2002）实证模型成为国内外文献的主要参考依据。文献主要估计边际产业内贸易水平、劳动生产率、国内消费量、贸易开放度四个因素的影响，但基于不同贸易对象，样本的结论存在很大差异。在中国制造业、中日及中美制造业贸易调整成本的研究中，“平滑调整假说”的适用性均得到证实（李江等，2017；许统生等；2012），即边际产业内贸易水平是中国制造业贸易调整成本的显著影响因素。同时研究大多显示产品的国内消费量具有正效应，而生产率、贸易开放度的影响并不显著。另外，研究发现模型估计结果对间隔时间、样本容量等很敏感，因此应采用多指标估计保证稳健性。

有关贸易调整成本的研究为估计中美贸易摩擦的就业效应提供了不同视角。据知网搜索结果，基于这一视角中美制造业贸易调整成本的文献数量仅 4 篇。柳剑平、张兴泉（2009）曾从两国就业调整成本角度解释贸易摩擦频发的原因。王军英、张姝（2019）是国内唯一从调整成本角度谈及此次中美贸易摩擦就业效应的文献，其基于 2005～2014 年贸易增加值的调整成本指数 Sv 测算了中国制造业的调整成本，在此基础上结合美国对华征税清单分析认为美国加征关税商品主要分布在面临扩张性调整成本的产业中，造成调整压力较大。但并未在验证 SAH 适用性前提下直接使用 Sv 总指数代替调整成本的做法有待改进，且对贸易摩擦影响的分析非常粗略。

综上可知，现有研究或使用产业内贸易静态指标或使用动态指标，且数据陈旧，无法反映中美制造业贸易形态全貌与调整成本最新变化；影响因素实证分析局限于分析制造业总量层面的生产率、消费量、贸易开放度三者的影响，未体现行业差异性，也未考察国内外经济环境和政府就业政策的作用。在此基础上，本文拟作出以下边际贡献：（1）本文利用 1998～2019 年中国制造业 24 个细分行业数据测算 GL 指数与 S 指数并全面展现中美制造业产业内贸易静态格局与动态特征，并反映调整成本的最新变化；（2）修正影响因素模型，除边际产业内贸易指数、生产率、消费量等传统因素外，纳入贸易自由度、不确定性、就业政策等新因素，并考察行业差异性以获得更准确的成本测度方程；（3）改变以边际产业内贸易指数间接衡量调整成本的做法，利用成本测度方程测算出直接指标即劳动力规模的变化量；（4）结合调整成本与双边征税清单覆盖率及主要影响因素综合判断中美贸易摩擦的影响及调整成本未来走势，得出更明确的政策建议。

二、中美制造业产业内贸易发展实态

（一）测度指标与数据说明

1. 静态指标：产业内贸易指数

“产业内贸易指数”通过衡量一国特定时期（通常 1 年）贸易总额中产业内贸易比重来衡量其产业内贸易静态水平。GL 指数（Grubel and Lloyd，1975）是迄今为止最具权威的指标，表达式为：

$$GL_{it} = 1 - |X_{it} - M_{it}| / (X_{it} + M_{it}) \tag{1}$$

其中，i 为特定产业的特定产品；X_{it}和 M_{it}分别表示一国在 t 年第 i 种产品的出口额和进口额；GL_{it}为该产品产业内贸易指数，行业指数以各产品在该行业贸易总额中的比重为权重加总获得。GL_{it}在［0，1］区间变动，越接近 0 产业间贸易特征越明显，取值为 0 时为完全产业间贸易形态，取值为 1 时为完全产业内贸易形态。根据 GL_{it}指数可将行业划分为低度产业内贸易行业（$GL<0.3$）、中度产业内贸易行业（$0.3\leqslant GL<0.7$）和高度产业内贸易行业（$GL\geqslant0.7$）。

2. 动态指标：边际产业内贸易指数

“边际产业内贸易指数”通过衡量一国特定时期贸易增量中产业内贸易比重来描述其产业内贸易水平动态变化。采用最多的是 A 指数（Brulhart and Elliott，2002a）、B 指数（Brulhart and Elliott，2002b）和 S 指数（Azhar and Elliott，2003）。经验研究表明三个指数特点不同，A 指数能反映贸易量的变化形态，由 A 指数改进而来的 B 指数和 S 指数能进一步反映贸易方向，而 S 指数精度更高①。因此，本文将直接采用 S 指数进行测算，表达式为：

$$S_{it}(\Delta X_{it} - \Delta M_{it})/2 \cdot \max\{|\Delta X_{it}|, |\Delta M_{it}|\} \tag{2}$$

其中，$\Delta X_{it} = X_{it} - X_{i(t-n)}$和 $\Delta M_{it} = M_{it} - M_{i(t-n)}$分别表示一国在 t 年和 t－n 年之间特定行业 i 产品出口额和进口额的变化量，可加权汇总为行业 MIIT 水平，权重为：

$$w_{it} = \max\{|\Delta X_{it}|, |\Delta M_{it}|\} / \sum_{i=1}^{k} \max\{|\Delta X_{it}|, |\Delta M_{it}|\} \tag{3}$$

S_{it}在［－1，1］之间变动，越接近于 0 意味着产业内贸易增长比重越高，$S_{it}=0$ 时贸易增量完全为产业内贸易；越接近于 1 或者 －1 意味着贸易

① 参见国内代表性文献的测算结果：佟家栋、刘钧霆（2006）；许统生等（2012）；马鹏、秦晓敏（2013）；李江等（2017）。

增量中产业间贸易增长比重越高，$|S_{it}| = 1$ 时完全为产业间贸易。

进一步区分：$S_{it} > 0$ 表明 $\Delta X_{it} > \Delta M_{it}$，包括“出口增长快于进口增长”“出口缩减慢于进口缩减”“出口扩张但进口缩减”三种情况，无论扩张还是收缩均可认为该产品出口部门绩效相对于进口部门更优。本文以 0.5 为界将 $0 \leq S_{it} \leq 0.5$ 时定义为出口绩优型产业内贸易，当 $0.5 < S_{it} \leq 1$ 时为出口绩优型产业间贸易；同理，$S_{it} < 0$ 表明 $\Delta X_{it} < \Delta M_{it}$，包括“出口增长慢于进口增长”“出口缩减快于进口缩减”“出口缩减但进口增长”三种情况，可认为进口部门绩效相对更好，定义 $-0.5 \leq S_{it} \leq 0$ 时为进口绩优型产业内贸易，$-1 \leq S_{it} < 0.5$ 时为进口绩优型产业间贸易。显然，S 指数既能反映产业贸易额变动方向，也能反映其扩张与收缩的程度。更直观评判产业总体绩效的方法为：

$$S_R = \sum_{i=1}^{k} w_{it} S_{it}^{+} / \left| \sum_{i=1}^{k} w_{it} S_{it}^{-} \right| \qquad (4)$$

其中，w_{it}同公式（3）。S_R 为 $S_{it} > 0$ 与 $S_{it} < 0$ 产品加权比率，当 $S_R > 1$ 时表明行业中出口绩优型产品多于进口绩优型，反之亦然。

3. 数据说明

本文 GL 和 S 指数均按照 HS4 位数产品编码计算汇总至各章（HS2 位数）。借鉴盛斌（2002）将 HS2 位编码依据 2017 年《国民经济行业分类标准》归类至 24 个制造业行业，并参照 OECD 标准划分产业要素密集度。1998～2018 年进出口数据源于 UNCOMTRADE 数据库，2019 年数据取自中国海关统计数据库①，均以美元计价。在此期间，24 个行业贸易额占双边制造业贸易总额比重均超过 95%，具有代表性。

（二）中美制造业产业内贸易静态特征

图 1 显示了 1998～2019 年制造业 GL 总体指数和 24 个行业指数分阶段排序结果，呈现如下特征：（1）总体形态：中美制造业以低度产业内贸易为主，GL 总体指数长期不足 0.3。（2）水平差异：依据 GL 指数高低可分为三类。第一类高度产业内贸易行业仅包括化纤制造业，但其贸易比重不足 1%；第二类中度产业内贸易行业以中高技术密集型行业为主，其中交通运输设备、电子及通信设备、通用机械及专用设备、橡胶和塑料等既是排名最前列的进口产品，也是重要的出口产品，出口和进口比重合约 60% 和 48%，而仪器仪表、医药等高技术密集度产品进口明显高于出口，但上述行业 GL 指数普遍低于 0.5，产业间分工特征相对明显；第三类低度产业内贸易行业主要为劳动与资源密集型行业，其中服装及服饰、皮草皮毛、文体用品、家

① 将 2017 年和 2018 年 UNCOMETRADE 数据库与中国海关数据库数据对比发现数据并无显著差异。

具、木材加工等行业对美出口比重均长期保持约 5%，但进口比重均不足 0.5%，接近完全产业间贸易水平。（3）变化趋势：依据 GL 指数变化可分三类。第一类产业间贸易特征稳定，包括纺织服装、皮革、食品加工制造等劳动和资源密集型行业，通常处于贸易顺差；第二类产业间贸易特征增强，如木材加工、造纸、石油加工等劳动密集型行业和电器机械、电子通信、通用机械等主要的中等技术密集型行业，以顺差为主；第三类产业内贸易特征增强，如交通设备、仪器仪表、橡胶和塑料、医药制造业等中高技术密集型行业，通常处贸易逆差。综合可知，过去 20 年部分中高技术密集型行业产业内贸易水平有所提升，但总体上中美制造业仍以产业间分工为主导。

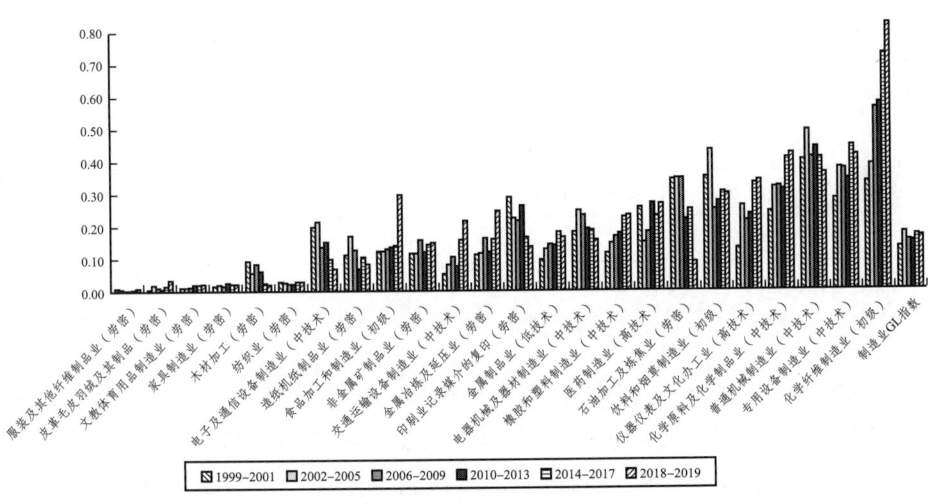

图 1　1999 ~ 2019 年中美制造业 GL 指数

资料来源：根据 GL 指数测算结果整理。

数据说明：GL 指数取 6 阶段指数均值。由于 2018 ~ 2019 年 GL 指数可能受到贸易摩擦冲击影响，因此按照 2014 ~ 2017 年阶段均值排序。

（三）中美制造业边际产业内贸易动态测度

本文计算了间隔 1 年、2 年和 3 年的 S 指数和 S_R 指数，结果相似。考虑金融危机、美国大选、中美贸易摩擦等外部冲击大事件的影响时间，本文以间隔 2 年的测算结果反映双边贸易增量中贸易形态和绩效动态变化。

依据表 1，在贸易形态上，2000 ~ 2019 年中美制造业总体贸易增量中产业内贸易特征显著，贸易额比重保持 98% 以上，是拉动总体制造业 GL 指数提升的主要原因。贸易绩效方面，除 2009 年、2016 年和 2019 年外，S_R 均大于 1，意味着 24 个行业出口绩优行业不仅数量上长期多于进口绩优行业，贸易额也远胜于后者。值得注意的是，S 指数在 2009 年、2016 年和 2019 年由正转负的行业数量和金额显著增多，表明中国边际产业内贸易增长容易受到外部环境冲击。

表 1　2000 ~ 2019 年中美制造业边际贸易形态及绩效分布　单位：%

项目	2000 年	2001 年	2002 年	2003 年	2004 年	2005 年	2006 年	2007 年	2008 年	2009 年
进口绩优型产业间贸易	0	0	0	0	0	0	0	0	0	0
进口绩优型产业内贸易	26.2	20.4	17.7	13.9	11.1	1.4	6.1	12.4	26.2	50.6
出口绩优型产业内贸易	73.8	79.6	82.3	86.1	88.9	98.6	93.9	87.6	73.8	49.4
出口绩优型产业间贸易	1.1	0.0	0.0	0.0	0.0	0.0	0.0	0.0	0.0	0.0
总体绩效 S_R	>1								<1	
项目	2010 年	2011 年	2012 年	2013 年	2014 年	2015 年	2016 年	2017 年	2018 年	2019 年
进口绩优型产业间贸易	0	0	0	0	0	0	0	0	1.9	0
进口绩优型产业内贸易	36.4	15.7	28.6	23.0	29.0	15.3	49.6	28.4	3.0	68.2
出口绩优型产业内贸易	63.6	84.3	71.4	77.0	71.0	84.7	46.4	67.6	95.1	31.8
出口绩优型产业间贸易	0.0	0.0	0.0	0.0	0.0	0.0	4.0	4.0	0.0	0.0
总体绩效 S_R	>1						<1	>1		<1

资料来源：依据公式（2）~公式（4）计算结果整理。
数据说明：表中数据为 24 个行业四种边际贸易形态的贸易额比重。

表 2 进一步显示了各行业边际产业内贸易和绩效特征。其一，尽管所有行业均以产业内贸易形态扩张或收缩，但技术水平相对高的行业 MIIT 水平也更高，如专用设备、医药制造、仪器仪表等中高技术密集型 MIIT 水平远高于服装服饰、纺织等劳动密集型行业。其二，比较各行业 S >0 和 S <0 的年份总数，发现仅仅交通运输设备、专用设备、化纤制造业进出口绩效很均衡以外，出口绩优型行业远多于进口，仅少数行业如饮料烟草、医药制造业等进口扩张持续快于出口，表明中美制造业进出口增长结构非常不平衡；其三，木材加工、纺织服装、石油炼焦等行业 MIIT 水平和增长方向比中高技术密集型行业更容易受到外部环境影响。

表 2　2000 ~ 2019 年 24 个制造业细分行业贸易形态及绩效分布

行业名称	静态	动态					
	GL	阶段 S 指数均值				行业贸易绩效	
		2000 ~ 2007 年	2008 ~ 2013 年	2014 ~ 2019 年	2000 ~ 2019 年	S >0 年份	S <0 年份
（初级）食品加工和制造业	稳定（产业间贸易特征稳固）	0.19	-0.04	0.05	0.08	13	7
（初级）饮料和烟草制造业		-0.08	-0.20	-0.11	-0.12	6	14

续表

行业名称	静态	动态					
		阶段 S 指数均值				行业贸易绩效	
	GL	2000～2007 年	2008～2013 年	2014～2019 年	2000～2019 年	S>0 年份	S<0 年份
（劳密）纺织业	稳定（产业间贸易特征稳固）	0.17	0.20	0.17	0.18	19	1
（劳密）服装及其他纤维制品		0.32	0.22	-0.01	0.19	18	2
（劳密）皮革毛皮羽绒及其制品		0.27	0.21	-0.07	0.15	15	5
（劳密）家具制造业		0.37	0.11	0.29	0.27	16	4
（劳密）文教体育用品制造业		0.30	-0.01	0.36	0.23	17	3
（劳密）木材加工	下降（产业间贸易特征加强）	0.30	0.00*	0.04	0.13	14	6
（劳密）造纸及纸制品业		-0.13	0.00*	0.14	-0.01	8	12
（劳密）印刷业记录媒介的复印		0.22	0.06	0.15	0.15	17	3
（劳密）石油加工及炼焦业		0.22	-0.14	-0.19	-0.01	8	12
（中）电子及通信设备制造业		0.22	0.04	0.13	0.14	15	5
（初级）化学纤维制造业	上升（产业内贸易特征加强）	-0.02	0.01	0.22	0.06	10	10
（劳密）非金属矿制品业		0.22	0.05	0.12	0.14	16	4
（低）金属制品业		0.31	0.06	0.12	0.18	15	5
（低）金属冶炼及延压业		-0.05	-0.09	0.04	-0.04	9	11
（中）电器机械及器材制造业		0.25	0.18	0.21	0.22	18	3
（中）交通运输设备制造业		0.06	-0.11	0.11	0.02	10	10
（中）化学原料及化学制品业		0.02	0.02	0.05	0.03	14	6
（中）橡胶和塑料制造业		0.17	0.07	0.10	0.12	16	4
（中）普通机械制造业		0.10	0.08	0.16	0.11	19	1
（中）专用设备制造业		0.01	0.02	-0.04	0.00	10	10

续表

行业名称	静态	动态					
	GL	阶段 S 指数均值				行业贸易绩效	
		2000 ~ 2007 年	2008 ~ 2013 年	2014 ~ 2019 年	2000 ~ 2019 年	S >0 年份	S <0 年份
（高）医药制造业	上升（产业内贸易特征加强）	-0.17	-0.16	-0.25	-0.19	5	15
（高）仪器仪表及文化办工业		0.10	0.00	0.04	0.05	14	6

资料来源：依据公式（2）~公式（4）计算结果整理。

数据说明：表中“劳密”表示劳动资源密集型；“低、中、高”分别代表示低等、中等和高级技术密集型。“均值”为简单算术平均值，带 * 号的 S 指数实际为负值，四舍五入后为 0.00。

三、中美制造业贸易调整成本影响因素检验

（一）模型设定与数据说明

参考国内外有关国际贸易与劳动力市场关系的文献，借鉴布鲁哈特（2002）构造方法设定计量模型如下：

$$\mathrm{Ln}\left|\Delta \mathrm{Empl}_{it}\right| = \alpha_0 + \lambda_1 \mathrm{LnGL}_{it} + \sum_{i=1}^{i} \theta_i \mathrm{ControlX}_{it} + \upsilon_i + \varepsilon_{it} \tag{5}$$

$$\mathrm{Ln}\left|\Delta \mathrm{Empl}_{it}\right| = \alpha_0 + \beta_1 \mathrm{MIIT}_t + \sum_{i=1}^{i} \theta_i \mathrm{ControlX}_{it} + \upsilon_i + \varepsilon_{it} \tag{6}$$

其中，$\Delta \mathrm{Empl}_{it} = 2 \times (\mathrm{Empl}_{it} - \mathrm{Empl}_{i(t-n)}) / (\mathrm{Empl}_{it} + \mathrm{Empl}_{i(t-n)})$

$$\sum_{i=1}^{i} \theta_i \mathrm{ControlX}_{it} = \theta_1 \left|\Delta \mathrm{CON}_{it}\right| + \theta_2 \left|\Delta \mathrm{PROD}_{it}\right| + \theta_3 \mathrm{WTU}_t + \theta_4 \mathrm{TFREE}_t + \theta_5 \left|\Delta \mathrm{SOC}_t\right| + \theta_6 \mathrm{TFREELnGL}_{it}$$

$$\sum_{i=1}^{i} \theta_i \mathrm{ControlX}_{it} = \theta_1 \left|\Delta \mathrm{CON}_{it}\right| + \theta_2 \left|\Delta \mathrm{PROD}_{it}\right| + \theta_3 \mathrm{WTU}_t + \theta_4 \mathrm{TFREE}_t + \theta_5 \left|\Delta \mathrm{SOC}_t\right| + \theta_6 \mathrm{TFREEMIIT}_{it}$$

t 为年份，i 为行业，n 为间隔年份，α_0 为截距项，λ_i、θ_i 和 β_i 正负代表各因素积极或消极影响；v_i 表示行业水平效应，ε_{it} 为误差项表示未观测因素的影响。$\left|\Delta \mathrm{Empl}_{it}\right|$ 为被解释变量，以行业就业人数变化绝对值代表劳动力调整成本①，取自然对数；关键变量 GL_{it} 为中美制造业行业的产业内贸易水平，取自然对数，特定行业产业内贸易水平提高能够使失业人员再就业的难

① 实际中衡量贸易引致的调整成本十分困难，本文借鉴 Bulhart（2002）的做法，其隐含假设是贸易引致的调整成本与职工人数变化之间存在某种不随时间和行业变化的固定比例。尽管与现实存在一定偏差，但鉴于数据可获得性，其模型被广为借鉴。

度和再培训的成本降低，预期符号为负；而 $MIIT_{it}$ 为边际产业内贸易水平，以 S 指数衡量，由于指数变化区间为［－1，1］，为方便判断对其取绝对值，根据“平滑调整假说”S 指数越大表明产业间贸易比重越高，调整成本越大，从而预期符号为正。

控制变量 $ControlX_{it}$ 纳入产业、市场、环境和政策四类因素：（1）产业因素包括劳动生产率、国内消费量。劳动生产率变化量（$|\Delta PROD_{it}|$）取行业 GDP 与劳动人数比率变化量的绝对值，$|\Delta PROD_{it}|$ 越大表明生产率提高（降低）越大，单位产出的劳动力需求变化量越大即调整成本越高，系数符号预期为正。产品国内消费变化量（$|\Delta CON_{it}|$）为行业 GDP 与净出口差额的绝对值，$|\Delta CON_{it}|$ 越大意味着国内需求变化量越大，产品生产规模扩张或收缩越快，进而带动就业总量变化越大，因此预期符号为正。（2）市场因素考察中国贸易自由度（$TFREE_t$），自由度越低表明壁垒增加进而导致进口减少，一方面进口部门紧缩导致失业增加；另一方面中间产品进口减少会影响下游制造业出口部门生产和绩效，加大就业调整成本，预期符号为负。（3）环境因素指贸易不确定性（WTU_t）以世界贸易不确定性指数（World Trade Uncertainty Index）衡量，现有研究已充分证实了经济与贸易政策不确定性对投资、创新和就业存在负面影响，因此预期符号为正。（4）政策因素考察就业政策的作用。就业政策（SOC_t）以中央社会保障支出占财政支出中比重作为代理变量，当 ΔSOC_t 为正且增加时代表政府在稳就业方面投入持续增多，就业压力减小，此时 $|\Delta SOC_t|$ 与调整成本反向变动；当 ΔSOC_t 为负且扩大时代表政府就业支持力度加速缩减，调整压力将增加，此时 $|\Delta SOC_t|$ 与调整成本同向变动，因此 $|\Delta SOC_t|$ 的预期符号不确定。（5）交互项为贸易自由度（$TFREE_t$）与产业内贸易指数（$LnGL_{it}$）和边际产业内贸易指数（$MIIT_{it}$）的乘积。具体来说，如果 GL_{it} 和 $MIIT_{it}$ 与调整成本的关系成立的话，该交互项的符号应该分别为正和负。

数据来源：GL_{it} 和 $MIIT_{it}$ 来源于本文 GL_{it} 和 S 指数计算结果；$PROD_{it}$、$CONi_t$、SOC_t 数据源于《中国工业统计年鉴》《中国财政年鉴》《中国统计年鉴》相关数据计算，生产总值取人民币现价；$TFREE_t$ 取自美国传统基金会；WTU_t 取自 BAKER 不确定性指数数据库。模型使用 Eviews10.0 对 2000～2016 年 24 个制造行业面板数据进行分析。

（二）计量结果

为了避免出现伪回归，本文使用 LLC、ADF－Fisher 和 PP－Fisher 三种方法对除 $TFREE_t$ 和 WTU_t 外的时间序列进行单位根检验，结果均为 0 阶平稳序列。在模型形式上，模型（5）和模型（6）最大似然比检验 F 统计量（P＝0.000）拒绝原假设，表明固定效应模型优于混合效应模型，而由于本文选取的 24 个行业几乎涵盖全部制造业，同时希望考察因素影响的个体差异，故以固定效应模型进行估计。在估计层次上，本文进一步划分“劳动及低技术密集型行业”和“中高技术密集型行业”进行考察。鉴于调整成本对间隔期的敏感性，本文采用间隔 1 年和 3 年的 S 指数进行估计（见表 3）。

表 3　　中美制造业贸易的劳动力调整成本影响因素估计结果

解释变量	模型（5）			模型（6a）间隔 1 年			模型（6b）间隔 3 年		
	估计 1	估计 2	估计 3	估计 1	估计 2	估计 3	估计 1	估计 2	估计 3
共同截距	-3.237 (0.000)	-3.192 (0.000)	-1.539 (0.059)	-2.965 (0.000)	-2.787 (0.000)	-3.050 (0.000)	-2.208 (0.000)	-2.350 (0.000)	-2.034 (0.000)
$LnGL_{it}$	-0.648 (0.013)	-0.663 (0.003)	—	—	—	—	—	—	—
$MIIT_{it}$	—	—	—	5.588 (0.000)	6.464 (0.000)	8.488 (0.015)	8.088 (0.000)	6.954 (0.001)	11.175 (0.003)
$\|\Delta SOC_t\|$	-0.608 (0.000)	-0.660 (0.000)	-0.712 (0.013)	-0.659 (0.000)	-0.659 (0.000)	-0.699 (0.007)	-0.275 (0.000)	-0.164 (0.003)	-0.462 (0.000)
$TFREE_t$	—	—	-0.020 (0.084)	—	—	—	—	—	—
WTU_t	—	—	—	—	0.075 (0.091)	—	—	—	—
$TFREELnGL_{it}$	0.008 (0.013)	0.008 (0.000)	—	—	—	—	—	—	—
$TFREEMIIT_{it}$	—	—	—	-0.090 (0.000)	-0.112 (0.000)	-0.110 (0.043)	-0.113 (0.000)	-0.090 (0.005)	-0.167 (0.003)
R^2	0.32	0.24	0.23	0.32	0.24	0.23	0.22	0.24	0.21
Prob.	0.0000	0.0000	0.0000	0.0000	0.0000	0.0000	0.0000	0.0000	0.0000
DW.	1.726	1.924	1.845	1.825	1.954	1.785	1.864	1.921	1.746

资料来源：Eviews10.0 处理结果整理。

数据说明：受制于就业数据的可获性，GL 和 S 指数（间隔 1 年）估计时段为 2000～2016 年，S 指数（间隔 3 年）估计时段为 2002～2016 年。括号内为变量 P 值，表中省略不显著变量及筛选过程。估计 1 为制造业全样本（24 个行业）；估计 6a 为 15 个劳动和低技术密集型行业，即中高技术密集型外的所有行业；估计 6b 为 9 个中高技术密集型行业。分类标准同表 2。本文以随机效应模型和间隔 1 年及 3 年 B 指数作为方法和指标的稳健性检验，结果基本一致，不再赘述。

（三）结果分析

静态核心变量 GL 指数与调整成本负相关，表明实质性提升产业内贸易水平能有效降低劳动力调整成本，但作用对于劳动及低技术密集型行业更显著，对中高技术密集型行业并不明显。间隔 1 年和 3 年动态核心变量 S 指数的估计结果均证实了 SAH 的适用性，即中美制造业边际产业内贸易越发达，劳动力调整成本越低，其在中高技术密集度行业影响强于劳动和低技术密集型行业，且长期效应（3 年）更明显。

其他影响因素中，国内消费量（CON）和劳动生产率（PROD）影响均不显著。世界贸易不确定性（WTU）仅对劳动和低技术密集型产业造成短期调整压力，长期影响不显著且相对于其他因素影响力较小。中国贸易自由度（TFREE）除模型（5）中对中高技术密集型行业回归系数显著为负外，与调整成本的负相关关系均通过其与 GL 和 MIIT 交互项负系数体现，但均表明提高贸易自由度能够强化产业内贸易水平，从而提升对调整压力的缓解作用。增加社会保障支出（SOC）能有效降低调整成本①，但短期影响系数高于长期。

基于上述结果，本文认为：第一，提升产业内贸易静态和动态水平均能有效降低劳动力调整成本，稳定就业。中美中高技术密集型行业 MIIT 水平较高，但大多处于中度产业内贸易水平，尚存提升空间；而吸纳大量劳动力的劳动、资源及低技术密集型行业在过去 20 年 MIIT 水平有较大提升，但并未实质改变其处于低度产业内贸易（甚至完全产业间贸易）的状态，存在巨大提升潜力。因此，在长期内持续稳定地推进中美贸易中高技术密集型行业产业内贸易发展的同时，加速推进劳动、资源及低技术密集型行业产业内贸易水平的实质性提升对于降低调整成本至关重要。第二，“黑天鹅”事件频发的 2016 年，全球贸易不确定性指数从过去 20 年均值不足 1 陡然升高至 4. 9，2018 年中美贸易摩擦爆发后提高到 16. 7，2019 年双边频繁磋商时期达到 119. 6②。美国总统大选将至，中美磋商仍在继续，两国经贸关系将是世界贸易增长中的极大不确定性因素（WEO，2020），须谨防其对国内劳动及低技术密集型制造业绩效和就业的短期冲击。第三，中国关税总体水平从加入 WTO 时的 15. 3% 降至 9. 8%，服务贸易领域的开放承诺已于 2007 年全部履行完毕，“十二五”以来建设自贸区、推进贸易便利化、举办进口博览会等举措加速开放步伐，对于稳定就业的积极作用不可忽视。第四，长期实施积极的社会保障与就业政策对降低调整成本的作用显著，在应对短期外部冲击时特殊政策支持尤为必要。

四、新常态下中美制造业贸易调整成本测度与走势探讨

在第一阶段经贸协议生效后，中美对彼此的平均关税依然维持在 20. 9%

① 数据显示，1998 ~ 2019 我国中央社会保障支出比重持续增加，间隔 3 年的 ΔSOC_t 保持为正，因此其绝对值与调整成本系数预期为负，与估计结果一致。

② Baker 数据库不确定性指数为季度数据，本文此处取季度均值作为年度指标。

和 19.3%的高位，而征税商品覆盖率分别为 66.7%和 58.3%左右。以“高关税”为特征的中美贸易摩擦新常态下，双边制造业贸易调整成本的现状与走势分析能够为制定缓解对策提供参考依据。

（一）新常态下的贸易调整成本测度

间隔 3 年指数 S_{2019} 值为 2016～2019 年中美制造业进出口数据测算包含了“高关税”政策影响的结果。模型（6b）估计结果提供了贸易调整成本测度方程。以下列方程（7）和方程（8）分别测算劳动和低技术密集型行业和中高技术密集型行业调整成本（$|\Delta Empl|$），v_i 为个体固体效应①。

$$Ln|\Delta Empl_{i2019}| = -2.350 + 6.954 MIIT_{i2019} - 0.09 TFREEMIIT_{i2019} + \upsilon_i \quad (7)$$

$$Ln|\Delta Empl_{i2019}| = -2.034 + 11.175 MIIT_{i2019} - 0.17 TFREEMIIT_{i2019} + \upsilon_i \quad (8)$$

依据 $|\Delta Empl|$ 由低到高排序后将行业划分三组（表 4）：第一组低调整成本行业 7 个（$|\Delta Empl| < 0.1$），2019 年贸易总额占制造业贸易总额的 24.3%，调整成本最低的行业是非金属矿制品业，排名其后的制造业依次是化学纤维、造纸及纸制品、普通机械、橡胶和塑料、电器机械及器材和石油加工及炼焦业；第二组中等调整成本行业 12 个（$0.1 \leqslant |\Delta Empl| \leqslant 0.12$），其中中高技术密集型行业调整成本低于 24 个行业均值，而劳动资源及低技术密集型行业调整成本高于均值；第三组高调整成本行业 5 个（$|\Delta Empl| > 0.12$），由低至高依次为皮革羽毛制品制造业、食品加工制造业、家具制造业、电子及通信设备制造业及文教体育用品制造业，总贸易额占比 38.7%。综合可知，2/3 的制造行业调整成本处于中高水平，贸易额比重约 75.7%，表明在当前贸易摩擦条件下，若其他因素不变，中美制造业贸易引致的劳动力调整成本总体较高，其中劳动、资源、低技术密集型行业显著高于中高技术密集型行业。

表 4　　中国制造业调整成本排序及与双边征税清单匹配结果

组别	排序	行业名称	调整成本	S 指数	美方征税清单商品覆盖率%			中方反制清单商品覆盖率%	
					2500 亿清单	1250 亿清单	合计	1100 亿清单	750 亿清单
低调整成本	1	（劳密）非金属矿制品业	0.059	0.030	18	2.4	20.4*	99.1*	0.4
	2	（初级）化学纤维制造业	0.062	0.374	41*	3.5	44.5*	99.9*	0

① 贸易自由度指数（TFREE）最新数据为 2018 年，不影响结果排序。v_i 未列于文中。

续表

组别	排序	行业名称	调整成本	S 指数	美方征税清单商品覆盖率%			中方反制清单商品覆盖率%	
					2500 亿清单	1250 亿清单	合计	1100 亿清单	750 亿清单
低调整成本	3	(劳密) 造纸及纸制品业	0.063	0.094	53*	4.3	57.3*	99.5*	0.7
	4	(中) 普通机械制造业	0.077	0.245	30.9*	4.4	35.3*	46.3	1.4
	5	(中) 橡胶和塑料制造业	0.084	0.264	20.1*	2.1	22.2*	50.4	33.8*
	6	(中) 电器机械制造业	0.084	0.435	13.6	2.8	16.4	67.3	7.8
	7	(劳密) 石油加工炼焦业	0.084	-0.478	0.08	8.5*	8.58	41.9	53.8*
中等调整成本	8	(初级) 饮料烟草制造业	0.091	-0.258	14.5	44.3*	58.8*	22.2	21.3*
	9	(中) 交通运输设备制造业	0.096	0.418	12.8	0.64	13.44	50.4	0
	10	(中) 专用设备制造业	0.097	0.044	13.9	3.7	17.6	64.8	0.2
	11	(低) 金属冶炼延压业	0.098	-0.155	2	16.8*	18.8	99.3*	0.3
	12	(中) 化学原料化学制品业	0.099	0.095	18.9	2.5	21.4	65	26.2*
	13	(高) 仪器仪表文化办工业	0.100	0.236	6.7	0.95	7.65	77.7	0
	14	(高) 医药制造业	0.104	-0.400	0	0	0	5.5	2.7
	15	(劳密) 木材加工	0.109	-0.037	17.1	1.3	18.4	51.7	7.8
	16	(劳密) 纺织业	0.110	0.182	4.3	19.5*	23.8*	99.99*	1.3
	17	(低) 金属制品业	0.114	0.351	17.1	3.7	20.8	99.3*	0.9
	18	(劳密) 服装及其他纤维制品业	0.120	-0.215	0.43	8.9	9.33	99.3*	11.8*
	19	(劳密) 印刷业记录媒介的复印	0.120	0.177	0	15.2*	15.2	99.9*	0.2

续表

组别	排序	行业名称	调整成本	S 指数	美方征税清单商品覆盖率%			中方反制清单商品覆盖率%	
					2500 亿清单	1250 亿清单	合计	1100 亿清单	750 亿清单
高调整成本	20	(劳密)皮革毛皮羽绒及其制品	0.139	-0.384	2	24.3*	26.3*	79.6	1.5
	21	(初级)食品加工和制造业	0.141	0.212	22.3*	2.6	24.9*	94.1*	50.3*
	22	(劳密)家具制造业	0.156	0.497	15.7	0.75	16.5	99.8*	0
	23	(中)电子及通信设备制造业	0.170	0.294	9.1	2.7	11.8	27.7	0
	24	(劳密)文教体育用品制造业	0.195	0.475	0.57	5.6	6.17	99.8*	0.6

数据说明：美方对华征税 3000 亿美元清单中已实施的部分为价值 1250 亿美元的 List A。"清单商品覆盖率"为 2017 年匹配商品进口额或出口额占该行业对美进口额或出口额的比重。由于表中美方清单涉及商品无重复，故合计表示全部涉及商品比重；中方为商品叠加征税，故清单覆盖率无法合计。*表示涉及贸易额比重相对较大的行业。

资料来源：行业调整成本依据公式（7）和公式（8）测算。"清单产品比重"依据美国贸易代表处和中国关税税则委员会公布征税清单与中国海关数据库 2017 年中美贸易 HS8 位编码商品匹配后的金额计算。

（二）贸易调整成本走势探讨

贸易引致的劳动力市场调整成本大小和变化趋势受多方面因素影响。本文基于实证分析结果从产业内贸易水平、中国贸易自由度、世界贸易不确定性、稳定就业政策四方面因素对中美制造业调整成本走势综合分析。

1. 产业内贸易水平

中美各制造行业产业内贸易水平是其调整成本的重要因素，其将受到双边"高关税"政策的持续影响。本文将 2018 年 6 月至今已落地的双边征税清单编码与 2017 年中美贸易 HS8 位商品编码匹配，并归类到 24 个细分行业中（见表 4）[①]。美国对华征税的 2500 亿美元清单加征税率为 25%，对制造业出口商品覆盖率超过 30% 和 10% ~30% 的行业分别为 3 个和 11 个，而 2019 年 9 月生效的 1250 亿美元清单加征税率已降至 7.5%，覆盖率超过 10% 的行业 5 个。中国对美反制清单加征税率 5% ~20% 不等，覆盖率超过

① 美国贸易代表处（USTR）公布的商品清单采用 HTS 编码制度，精确到 8 位数编码，与我国进出口关税税则所使用的 HS 编码制度下商品官方描述基本一致。平安证券研究所（2018）的测算结果显示，使用两种编码计算的清单商品征税总额非常接近。因此，本文认为使用 HS 编码数据展开研究可以保证结论的有效性。

94% 的行业 11 个，40% ~80% 的行业 9 个。分析发现：其一，清单覆盖率相对高的行业中，造纸及纸制品业、金属冶炼及延压业为长期进口绩优型产业内贸易行业（-0.5 < S < 0），中方清单覆盖率均超过 99%，将造成进口收缩引致的调整压力。但上述行业在中美贸易中比重很小，且调整成本大幅低于均值（1.07）。其二，清单覆盖率较高的其他行业均为出口绩优型产业内贸易行业（0 < S < 0.5），且长期处于顺差，因此美方征税将造成出口收缩型调整压力。其中，贸易比重大的机械设备（含普通机械、电器机械、专用设备、交通运输设备）、化学原料及制品、橡胶和塑料等行业调整成本均低于均值。调整成本高于均值的行业中，食品、金属制品、皮革羽毛、纺织及木材加工等行业调整成本偏高，但贸易比重均约 5%。综合而言，从清单商品覆盖率和税率来看，双边“高关税”政策的持续将对中国制造业产生广泛的调整压力，但总体压力程度并不大；从行业分布看，出口绩优部门（尤其是利润微薄的劳动密集型行业）对美出口增量将大幅减少，反而提高双边 MIIT 水平，而长期内产业内贸易水平（GL 指数）也将随着贸易平衡化逐步实质提升，在这一过程中劳动资源密集型产业的调整成本将显著降低，拉动中美制造业贸易调整成本总体水平将呈下降趋势。

2. 中国贸易自由度

“扩大开放”是中国主动顺应经济全球化潮流、推进高质量发展的坚定信念。一方面，中国关税壁垒持续大幅降低。最新资料显示，2020 年 1 月 1 日起中国下调进口关税中有 587 种商品关税降幅超过 50%，超过 180 种商品关税降至零。另一方面，全面推行营商环境改革、加速跨境电商、外贸综合服务等新业态发展、坚持举办世界进口博览会、通过制度创新提高贸易便利化水平，全面降低边境后贸易成本。中国贸易自由度持续提升将成为降低中美制造业贸易调整成本的积极因素。

3. 世界贸易不确定性

对于中美制造业贸易调整成本最直接的贸易不确定性因素就是中美经贸关系的走势。第一阶段谈判并未涉及制造业进出口关税问题，而第二阶段经贸磋商将如何进行以及何时能够达成协议无法在短期内确定无疑是增加双边贸易调整成本的因素。但贸易不确定性对制造业绩效和就业的短期冲击效应相对于其他因素较小，而且在长期内会随着信息逐步充分而减弱。因而这一因素是否增加调整压力取决于不确定性与“稳预期”措施的综合影响。

4. 稳定就业政策

“十三五”时期中国政府不仅积极落实十八大报告提出的“就业优先政策”，而且将“稳就业”置于“六稳”之首。2019 年 12 月，国务院发布了《关于进一步做好稳就业工作的意见》再次强调加大就业政策实施力度，并对 2020 就业工作从“稳存量、扩增量”方面做出精准部署。同时中国社会保障支出以年均 15.5% 的增速增长，为稳就业提供充分的财政支持。因此，稳就业政策的实施将从增加就业岗位、吸纳失业人员再就业、加强培训再上岗等各方面缓解中美贸易摩擦形势下的调整压力。

综合上述四方面因素，贸易摩擦新常态下中美制造业贸易调整成本将呈下降趋势，提高中国贸易自由度、有效的稳定预期措施和积极就业政策都将显著缓解调整压力。

五、主要结论及政策建议

本文基于产业内贸易视角对中美制造业贸易引致的劳动力调整成本展开经验研究，结果表明：1998～2019 年中美制造业总体上以产业间分工为主，但边际产业内贸易特征显著。劳动和低技术密集型行业边际产业内贸易水平提升较快，但产业间贸易形态未明显改变，中高技术密集型行业边际产业内贸易水平较高，拉动制造业整体产业内贸易水平缓慢提升。较高的产业内贸易静态和动态水平、较低的贸易自由度和更积极的就业政策均能显著降低中美制造业贸易调整成本，世界贸易不确定性提高会造成短期冲击。以“高关税”为特征的摩擦新常态下，中美制造业贸易总体调整成本较高，但随出口绩优部门对美贸易平衡化，呈现长期下降趋势，扩大开放、稳预期和稳就业政策将进一步缓解调整压力。

上述结论具有明确的政策含义。建议如下：第一，实质性提升中美产业内贸易水平是降低调整成本的关键。对于中高技术密集型行业而言，应以强化竞争优势为目标，从宏观层面加强人才培养、增加研发投入、完善知识产权制度以推进技术进步，从企业层面加速独角兽、瞪羚、雏鹰企业的梯度培育并引领技术升级。对于劳动、资源及低技术密集型行业而言，应以对美贸易平衡增长为方向，一方面扩大家具、木材及木制品、食品、服装等行业高端消费品进口；另一方面加速传统产业转型升级，同时通过增设贸易促进网点、提高政府服务效能、打造“互联网＋”促进模式、增加高质量展会、鼓励行业协会发展等措施帮扶企业转移出口市场。第二，在降低关税的同时，更注重对标世行标准打造一流营商环境，加大制度创新推进贸易便利化，建设网络与交通基础设施，降低边境后贸易成本，同时加大内陆自贸区建设，推进全面高水平对外开放。第三，丰富和规范信息平台，及时精准发布官方政策信息，增加政企联席会、论坛等形式引导企业建立正确预期，并给予企业充分调整时间，最大限度降低不确定性的短期冲击。第四，尤其关注中美制造业贸易调整成本高的行业，从稳岗、转岗、创岗三方面制定就业政策。稳岗方面应建立多维就业监测体系和多部门联动的一站式智慧就业监管系统，加大涉美企业动态监测并精准识别企业困难、确保稳岗政策落实，减少裁员；转岗方面应在再就业培训、继续教育方面加大财政补贴的同时，消除劳动力地区间流动壁垒、完善医疗、教育等配套设施，促进资源优化配置；

创岗方面注重创业孵化制度，合理引导并加强风险监控。

参考文献

[1] 王军英、张姝：《中美贸易摩擦背景下中国制造业调整成本分析——基于贸易增加值的测算》，载《上海对外经贸大学学报》2019 年第 5 期。

[2] 刘钧霆：《中国与东亚国家制造业边际产业内贸易及调整压力分析》，载《辽宁大学学报（哲学社会科学版）》2014 年第 5 期。

[3] 许统生、万兆泉、涂远芬、刘建：《中美制造业产业内贸易对就业调整成本影响的估计》，载《经济学动态》2012 年第 1 期。

[4] 杜运苏、郭羽诞：《产业内贸易与贸易调整成本——基于中国制造业面板数据的经验分析》，载《产业经济研究》2009 年第 3 期。

[5] 佟家栋、刘钧霆：《中国与日韩制造业贸易调整成本的经验研究——基于边际产业内贸易分析》，载《南开经济研究》2006 年第 3 期。

[6] M Brülhart. *Marginal Intra - Industry Trade: Towards a Measure of Non - Disruptive Trade Expansion* [M]. Palgrave Macmillan UK, 2002.

[7] M Brülhart, Elliott R. Labour-market effects of intra-industry trade: Evidence for the United Kingdom [J]. *Review of World Economics* (*Weltwirtschaftliches Archiv*), 2002, 138 (2): 207 - 228.

[8] Cabral M, Silva J. Intra - Industry Trade Expansion and Employment Reallocation between Sectors and Occupations [J]. *Review of World Economics*, 2006, 142 (3): 496 - 520.

[9] Lindley J K, Brullhart M, Elliott R. Intra-industry trade and labour market adjustment: A reassessment using data on individual workers [R]. 2005.

[10] Ferto I. Labour Market Adjustment and Intra - Industry Trade: The Effects of Association on the Hungarian Food Industry [J]. *Journal of Agricultural Economics*, 2009, 60 (3): 668 - 681.

An Empirical Study of Sino - US Manufacturing Trade Induced - Adjustment Cost Under the New Normal of Trade Friction

Ziying Cao　Liuyi Xiao

Abstract: Based on the intra-industry trade perspective, the empirical study of the Sino - US manufacturing trade-induced labor adjustment cost shows that during the period 1998 - 2019 manufacturing trade between China and US mainly consists of inter-industry trade (IIT), with the significant feature of the marginal intra-industry trade (MIIT). The IIT mode of the labor and low technology intensive industries is not changed, even with the fast improvement of the MIIT level. However, the medium and high technology intensive industries with comparatively higher MIIT level increases the overall IIT level slowly. Estimations suggests that the higher static and dynamic level of IIT, lower trade freedom of China, and more aggressive employment policies can significantly lower the Sino – US manufacturing trade-induced cost. The increased world trade uncertainty can cause a short-term shock. Under the "high-tariff" featured new normal of trade friction, the China manufacturing industry will take high overall adjustment cost, but it will show the downward trend along with the trade balancing of the better-performed export industries in the long term. Policies of raising the IIT level of the Sino – US manufacturing trade, expanding China's openness, and effectively stabilizing the expectation and employment are strongly suggested to relieve the adjustment pressure.

Keywords: Sino – US manufacturing trade; trade induced-adjustment cost; marginal intra-industry trade

〔学科建设〕

国民经济学学科核心概念（下）*

杨 艳 金乐琴 李健美

一、国民经济运行与发展的核心概念

（一）有关国民经济总量的概念

1. 总需求及管理

总需求是指一定时期内在一个国家或地区形成的对最终产品和劳务的货币购买力总量。总需求以需求的客体的存在形态为标准可以划分为对物质商品的需求和对劳务的需求；以需求产生的目的为标准可划分为消费需求和投资需求；以需求的地域来源为标准可划分为国内需求和国外需求。总需求构成通常被定义为：总需求 = 投资需求 + 消费需求 + 出口需求。因而，需求管理从三个方面展开：在消费需求管理方面，采用税收政策、利率政策、收入分配政策、社会保障制度进行调控，发挥适度消费规模和水平对宏观经济运行的促进作用；在投资需求管理方面，合理使用财政政策、有效发挥货币政策调控功效、促进投资管理体制改革、优化投资环境，提高投资效率；在出口需求方面，结合计划、财政、金融和法律手段，如调整外贸发展战略、完善出口补贴政策、健全出口信用保险制度、加强国际合作等，以促进出口需求良性发展。

2. 总供给及管理

经济总供给是指一个国家或地区在一定时期内向全社会提供的可供使用的最终产品和服务的总量。总供给不是一个单纯的概念，而是一个概念体系，包括潜在总供给和有效总供给。决定社会总供给的因素主要有经济的增长水平和速度（资本投入量、劳动投入量、科学技术进步程度）、产业结构

---

* 作者简介：国民经济学学科核心概念（上）载于本刊总第七辑（2020 年第 1 期）。

的变动、价格的变动、对外经济联系的程度。供给管理的手段主要有：制度变革、加强人力资本投资、调整产业结构、增加研发投资、促进科技进步、增加就业。供给管理的目标集中于如何加快经济增长，其手段主要是通过影响决定社会总供给的因素来达到加快经济增长的目的，如制度变革、加强人力资本投资、调整产业结构、增加研发投资、增加就业。供给管理的重点在于增加有效总供给，有效总供给的概念中消费者的选择始终是一个被强调的核心，因而可知，需求管理和供给管理是国民经济总量管理的两个侧面，相互联系，缺一不可。

3. 价格稳定

价格稳定是指一国或地区在一定时间内的价格总水平变动较小的一种状态，它是一个宏观经济概念。价格稳定并不等价于价格始终维持在一个固定不变的水平。事实上，商品间的价格比例常处于动态变化之中，价格体系也会不断进行调整。只要价格总水平的波动程度在国民经济正常运行所允许、居民可承受的范围内，就可以视为价格稳定。价格总水平的变化一般可以用价格指数来表示。价格指数是反映不同时期若干种商品或服务价格水平的变化方向、趋势和程度的经济指标，通常以报告期与基期价格水平对比的相对数来表示。常见的有消费物价指数（CPI）、商品零售价格指数（RPI）、工业品出厂价格指数（PPI）和 GDP 平减指数等。价格总水平的相对稳定，既有利于经济的持续增长，又有利于人民生活水平的改善。

4. 通货膨胀

通货膨胀指物价水平在一定时期内持续普遍的上升过程。通货膨胀是市场经济中使用非实物性的信用货币作为交易媒介所发生的现象。通货膨胀降低了一国货币的购买力，引起货币贬值。通货膨胀的发生，归根结底，必然有货币供应量的超常增加。一般来说，严重的通货膨胀对经济的影响主要表现在会引起收入和财富的再分配和引起价格的扭曲。通货膨胀按其程度可分为温和的通货膨胀（又称“缓和的通货膨胀”“爬行的通货膨胀”）、急剧的通货膨胀、恶性通货膨胀（又称“超速通货膨胀”）；按其是否可以预期可分为预期的通货膨胀、非预期的通货膨胀、完全可预期的通货膨胀和非完全可预期的通货膨胀；按通货膨胀时所有的价格是否平衡上升可分为平衡的通货膨胀和不平衡的通货膨胀；按其成因可分为需求拉动型通货膨胀、成本推动型通货膨胀和结构性通货膨胀（又称“结构刚性通货膨胀”“需求转换型通货膨胀”）；按其表现形式可分为隐蔽型通货膨胀（又称“抑制性通货膨胀”）和公开型通货膨胀。

5. 通货紧缩

通货紧缩是与通货膨胀相对立的概念，它是指由于货币供应量相对于经济增长和劳动生产率增长等要素减少而引致的有效需求严重不足，一般物价水平持续下跌，货币供应量持续下降和经济衰退等现象。通货紧缩的特征表现为物价水平的持续与普遍地下跌。也有学者将通货紧缩理解为从流通中回笼一部分过多的货币或一种货币流通量被压缩的经济过程。当出现通货膨胀的征兆时，适当紧缩通货可以避免通货膨胀的发生；当通货膨胀已经发生时，紧缩通货可以压缩由于货币发行过多所形成的社会商品购买力大于社会商品可供量的差额，从而促使货币流通与商品流通恢复平衡。实行通货紧缩的目的在于稳定币值，抑制物价上涨，克服通货膨胀。

6. 经济过热

经济过热是指经济发展过程中出现的一种偏离内在规律的高度扩张状态。其外在表现是经济的超高速增长，货币需求、投资需求和消费需求的迅速增加。经济过热往往是由于经济建设指导思想出现偏差，脱离现实的经济条件，盲目追求高速度所造成的，往往导致信贷扩张、货币投放量过多、某些重要的生产资料和基础设施严重短缺、国家牌价和市场价格差距增大，外贸出现逆差，通货膨胀加剧等，致使国民经济比例严重失调。经济过热之后是经济收缩，国民经济增长速度呈现停滞或下降的趋势，使经济增长出现波动。要有效地控制经济过热现象的出现，应当采取财政政策、货币政策和收入政策三管齐下，使国民经济按照其内在规律持续、稳定、协调地发展。

7. 经济过冷

经济过冷是指经济发展过程中出现的需求下降，经济收缩的状态。一般表现为物价水平的持续下跌，GDP 增速下降，失业和职工下岗问题突出等。经济过冷时存在“生产能力过剩—富余人员下岗—消费需求下降—生产能力进一步过剩”的螺旋现象，大部分企业利润下滑，企业投资意愿普遍减弱，消费需求持续不振。经济过冷往往发生在经济过热之后，政府为了抑制通货膨胀，采取紧缩的货币、财政政策，抑制了有效需求的增长，卖方市场开始向买方市场转变，伴随这一巨大转变，经济过冷现象产生。

8. 经济“硬着陆”

“硬着陆”指的是采用强力的财政货币政策一次性在较短的时间内通过牺牲较多的国民收入将通胀率降到正常水平，优点是立竿见影，往往在公众尚未取得足够的预期就已经达到了政策目的，缺点是经济震动较大，通常有较强的副作用。这种副作用表现为市场经济各种均衡关系遭到破坏，经济增速出现严重下滑现象，因而，“硬着陆”是十分危险的，将导致就业减少、经济衰退，甚至出现政局震荡。

9. 经济“软着陆”

经济软着陆是相对于经济“硬着陆”而言的，相对于经济硬着陆的大起大落，经济“软着陆”是指政府运用合理的手段和措施，使国民经济运行经过一段过度扩张之后，平稳地回落到适度的增长区间。国民经济的运行是一个动态的过程，各年度间经济增长率的运动轨迹不是一条直线，而是围绕着潜在的经济增长能力上下波动，形成扩张与回落的曲线。如果国民经济的运行在飞速发展的时候，超过了其增长能力，经济的增长率就会回落，维持经济生活中各种关系的均衡。经济“软着陆”就是国民经济平稳回落的一种方式。在这种方式中，政府采取的紧缩性政策相对缓和，经济过渡的状态相对平稳，不易出现大规模的失业现象。

10. 充分就业

充分就业，也称完全就业，常指全部劳动生产要素都有机会以自己意愿的报酬参加生产的状态。通常以失业率作为衡量充分就业的反向指标，我国采用城镇失业率和城镇登记失业率指标反映就业情况。失业率指失业者人数对劳动力人数的比率。通常把失业率等于自然失业率时的就业水平称为充分就业。自然失业率是指劳动市场处于均衡状态、价格总水平处于稳定状态时的失业率。充分就业并不等于全部就业，是指经济中除了结构性失业、摩擦性失业外，没有其他类型的失业。摩擦性失业是指工人在寻找最适合自己的工作时需要一定时间所引起的短期性失业。结构性失业指经济结构发生变化使得工作岗位与劳动者数量不匹配引起的失业。这些失业具有一定的自然合理性，属于劳动力人口的正常流动，是优化人力资源配置的动态调整过程。实现充分就业意义重大，其不仅可以提高经济效率，还有助于维护社会稳定。

11. 国际收支平衡

国际收支平衡是指一国在一定时期内国际收支的对比状况。国际收支的内容，一般包括经常项目、资本项目和平衡项目。经常项目是国际收支主要的、基本的项目，其中主要有贸易收支和非贸易收支（包括运输、港口、保险、通信、旅游、劳务等收支）。资本项目是指一国在一定时期内对外资本的流入流出情况。平衡项目又称储备项目，主要是指国际收支中经常项目和资本项目的收支出现逆差或顺差时进行平衡的项目。平衡项目的内容主要有黄金、外汇、普通提款权和特别提款权，等等。国际收支对于国内的货币循环、资金循环和社会总供求都有直接的影响。国际收支出现过大的逆差或顺差，都不利于经济的稳定发展。所以，对国际收支的管理目标，应当是基本平衡，略有结余。

（二）有关国民经济结构的概念

1. 国民经济比例

国民经济是一个统一的整体，它是按照客观的一定的比例关系发展的，而这些相互联系和相互制约的关系形成的各种比例，就是经济比例。经济比例，本质上是人类社会为得到本身需要的各种不同产品量而按一定比例把社会劳动（包括活劳动和物化劳动）分配于各个不同部门的反映。我国主要的经济比例有：社会生产两大部类即生产资料生产和消费资料生产之间的比例关系；农业、轻工业、重工业之间的比例关系；农业内部、工业内部的比例关系；工农业生产和交通运输业的比例关系；生产和基本建设的比例关系；人口增长和国民经济发展的比例关系；社会商品供应和需求的比例关系等等。随着经济发展及时调整有关的经济比例，使之成为最佳比例，能保证国民经济协调地、高速度地、高效益地运行和发展。

2. 积累与消费比例

积累与消费比例，是指国民收入中用于扩大再生产、扩大非生产性建设和社会后备的部分与用以满足社会成员个人物质文化生活需要和社会生活需要的部分相互之间的数量对比关系。积累和消费的比例是国民经济的基本的、综合性的比例之一。积累与消费的比例最终受国民收入总量所规定。国民收入具有实物形式和价值形式，积累与消费也相应有实物形态和价值形态。因此，积累与消费的比例既受社会产品的价值组成部分相互比例的制约，又受它们的实物形式的制约。一般来讲，积累基金应与生产资料生产相适应，消费基金应与消费品可供量相适应。由于不同使用价值之间不具有量上的直接可比性，所以，综合地考察积累与消费比例时一般指积累与消费价值额的对比关系，即积累基金与消费基金的数量比例。

3. 两大部类比例

社会的总生产分为两大部类，即生产资料和消费资料。两大部类比例指的就是在社会再生产中，生产资料生产（第Ⅰ部类）和消费资料生产（第Ⅱ部类）之间的数量对比关系。关于第一部类和第二部类之间的对比关系原理，是马克思再生产理论的基本原理以及国民经济计划学的中心问题之一。

两大部类的比例可以按照部门来考察，也可以按照产品来考察。按部门考察的是该部门两大部类产品的生产比例，如工业中生产资料工业和消费资料工业的比例；按产品考察的是该种产品或该类产品两大部类的比例，如生产用电子产品和生活用电子产品的比例等。整个社会生产两大部类的比例包括三个方面的内容：（1）两大部类产品之间的交换比例或交换关系；（2）两大部类产品生产比例；（3）两大部类产品增长速度的比例。

4. 农轻重比例

农轻重比例是工业、农业比例的引伸和细化，即把工业划分为轻、重工业两个独立的部门之后，与农业进行对比。从产品的经济用途看，农业既生产消费资料，也生产某些生产资料，但主要是生产消费资料，基本上属于消费资料生产部类。轻工业也既生产消费资料，也生产某些生产资料，但主要生产消费资料，基本上属于消费资料生产部类。重工业既生产生产资料，也生产某些消费资料，但主要是生产生产资料，基本上属于生产资料生产部类。因此，农轻重比例既可以反映以重工业为一方，同以农业、轻工业为另一方的基本上属于两大部类的比例关系（见两大部类比例）；又可以分析农轻重三个部门中每个部门以自身的两大部类产品同其他两个部门的两大部类产品相互交换而又相互制约的比例关系。农业、轻工业和重工业是社会的三个基本物质生产部门，它们之间的比例关系是否恰当，直接关系社会再生产和流通总过程能否顺畅运行，国民经济的运转能否实现逐步扩大的良性循环。农轻重比例在国民经济比例体系中占有至关重要的地位。

5. 国民经济结构

国民经济结构指一国国民经济内部各因素和各成分按照一定的序列结合起来的相互关系，它反映国民经济总体的内部状况、内在要素和内在联系，即各个领域、各个部门、各个地区和各种经济成分之间的对比关系和结合状况。国民经济结构可以分为部门结构、产业结构、地区结构、所有制结构等。

6. 所有制结构

所有制结构是指各种不同所有制形式在一定社会形态中的地位、作用及其相互关系。它所反映的是各种所有制的外部关系和国民经济中各种经济成分之间的比例关系，占主导地位的经济成分决定着一国经济制度的性质。生产资料所有制是生产关系的基础，社会主义基本经济制度首先体现在生产资料的社会主义公有制上。在我国社会主义初级阶段，由生产力发展状况决定，其所有制结构必然是以公有制为主体，多种所有制经济共同发展。这正是社会主义初级阶段在经济制度上的基本特征。

7. 产业结构

所谓产业，就是指生产具有同质性产品的生产单位所组成的生产群体，或是具有同类社会经济职能的社会经济单位所组成的群体。世界各国把各种产业划分为三大类：第一产业、第二产业和第三产业。第一产业主要指农业，包括直接以自然物为劳动对象的农、林、牧、渔；第二产业主要指工业，包括制造业、建筑业等在内的对初级产品进行加工的行业；第三产业即服务业，如运输、通信、商贸、旅游、金融保险、医疗卫生、公用事业、文化娱乐、科技教育、新闻出版等行业。产业结构就是指第一、二、三产业在国民经济总体当中所占的数量对比及相互依存和制约关系的总和。随着研究的深入和理论的细分，目前产业结构就用来概括产业之间的关系，揭示了产业间的数量比例关系以及经济发展过程中各产业部门关系变化的规律。产业结构是由社会分工的发展和产业部门的分化而形成的，随着社会生产力的发展，社会分工越来越细，产业结构也日趋复杂。产业结构反映整个国民经济运行中全部经济资源在各个产业之间的分布构成。

8. 产品结构

产品结构指国家或地区国民经济中，各类物质产品的构成和比例关系。农业产品结构，在种植业中可分为粮、棉、油、麻、丝、茶、糖、菜、烟、米、药等产品构成；在畜牧业中可分为各种家畜、家禽的构成和肉、毛、奶、蛋等产品的构成；在工业产品结构中，从消耗能源情况分类，可分为高耗能产品和低耗能产品；从产品加工的程度，可以分为初级产品、初步加工产品和深度加工产品以及中间产品和最终产品；从产品的质量情况，可以分为高档产品、中档产品和低档产品；从市场销售情况，可以分为畅销产品和滞销产品；此外还有长线产品和短线产品等分类。产品结构受国家或地区的产业结构、技术水平、扩大再生产规模、人民生活水平等因素的影响。合理的产品结构，有利于充分利用各种资源，提高经济效益，促进经济发展。

9. 技术结构

技术结构是指一定时期内，国民经济各部门所采用的技术的先进程度层次及其装备的构成。其内容主要包括先进技术和先进工艺所占比重，自动化、半自动化、机械化、半机械化和手工操作的构成情况等。一个国家、地区、部门、行业或单位应结合自己的特点，采取合理的技术结构，以节约资金，充分利用人力与物力资源，降低产品成本和改善劳动条件。由于我国人口众多，经济不够发达，技术基础较薄弱，因而技术结构在一定时期内应是多层次和不同水平的；在发展与应用高精尖技术的同时，要保存与发展花钱少、吸收劳动多的实用技术；在引进国外先进技术的同时，采用符合国情的适宜技术。随着经济和技术的发展，以及适用的先进技术逐步被广泛采用，我国的技术结构将不断取得进步。

10. 区域结构

区域结构是指各个经济区域在国民经济空间总体中所处的区位位置及其数量对比关系的总和。经济区域是指经济活动赖以存在的、具有一定范围和层次、一定功能和内在联系的“空间”，这个“空间”是国民经济的依托，它有自己的功能和结构。区域经济是特定地区范围内国民经济整体的总称，研究区域经济结构可以从两条路径进行：一是以单个区域为研究客体，探讨其内部的结构、功能，以及发展的一般规律；二是以若干区域为研究客体，探讨区域之间的经济空间组织问题。前者是指一个区域内部各经济单位之间的内在经济、技术、制度、组织联系、数量关系，是影响区域经济增长的重要因素之一，它决定了区域资源配置的基本模式，包括区域的产业结构、所有制结构、技术结构、要素结构等；后者主要涉及各种经济活动在区域内的空间分布状态以及区域之间的空间组合形式，经济空间结构是经济活动的空间表现形式，反映了经济活动的区位特点以及在地域空间中的相互关系。

11. 战略产业

战略产业是指一国为实现产业结构的高级化目标所选定的对于国民经济发展具有重要意义的具体产业部门。它们是各国根据不同的经济技术发展水平和对未来经济技术发展的预见所确定的。战略产业是一个相对的概念，任何一种产业部门在特定经济发展阶段都有可能成为战略产业，而且最终都有可能退出战略产业系统。战略产业的成长必须具有战略意义，即受国家政策保护和扶持的某些产业必须具有能够成为未来经济发展中主导产业和支柱产业的可能性，这种可能性的决定因素，首先是产业本身技术特点、市场前景、成长潜力；其次才是国家资源特定条件、现有产业结构状况、产业本身获取资源的能力等。战略产业主要包括主导产业、支柱产业、先导产业和基础产业等。

12. 基础产业

基础产业是指对国民经济和社会发展具有承载作用的产业。它包括能源工业、原材料工业、燃料动力、交通运输以及电力工业等。这些产业为人类生活、生产和建设提供基本的原料、燃料、动力和交通运输、通信等基础设施。基础产业一般建设周期长，占用资金多，因此必须提前安排建设。基础产业承载量的大小与经济技术发展的水平有密切关系。在一定的经济、技术条件下，经济、社会发展的规模必须与基础产业的发展相适应。如不注意基础产业的发展，只求其他产业的迅速发展，容易引起产业结构失调而使基础产业成为瓶颈部门。

13. 技术密集型产业

技术密集型产业也称知识密集型产业，是指在其生产过程中对技术（知识）需求的依赖程度较大，即知识含量高、脑力劳动所占比重较大的产业。这里的“知识”是指广义的知识，包括技术等在内。这类产业的产品往往具有低物耗、高附加值的特点，一些新兴的产业，如计算机工业、网络产业、新材料新能源工业、航天工业等就属于技术密集型产业。技术密集型产业占用劳动力少，科技水平高，能完成传统工业无法完成的生产活动，能大大提高劳动生产率，有利于产业结构的高级化，从而提高国民经济的总体效益，促进生产力的发展。因此，技术密集型产业在一国产业中所占比重的大小是衡量一国工业水平高低的重要指标。从发达国家的经济发展过程来看，技术密集型产业的比重随着科学技术的发展而不断提高。

14. 劳动密集型产业

劳动密集型产业是指在其生产过程中资本、知识的有机构成水平较低，对劳动力（活劳动特别是体力劳动）需求的依赖度较大的产业。如服装工业、食品工业、皮革工业、餐饮业、零售业等都属于劳动密集型产业。对于处在不同发展阶段、具有不同资源特点的国家来说，选择工业部门类型对社会经济的发展具有重要意义。发展劳动密集型产业对资金短缺、技术基础薄弱而劳动力资源丰富的发展中国家来说，是经济发展的一项重要策略。劳动密集型产业同技术密集型产业相比，职工的劳动生产率低，创造的价值少，一般适合于产品生产技术简单、品种多、批量小、用工比重大的部门和产品。从发展前景看，随着科学技术的进步，尤其是科学技术在经济活动中的应用，资本的有机构成会迅速提高，劳动密集型产业转向资本密集型、技术密集型或混合型产业是工业发展的必然趋势。

15. 资本密集型产业

资本密集型产业是指在其生产过程中对资本需求的依赖程度较大的产

业。单位产品所需投资较多、成本中物耗比例较高、工人技术装备程度较高的工业部门。它是需要大量投资的产业，通常用资本同劳动力的比率来衡量。比率高的则为资本密集型产业，例如钢铁工业、重型机械制造业、运输设备制造业等。资本密集型产业一般具有劳动生产率高、工艺过程复杂、设备占有率大、投资额大、吸纳的单位投资大而吸收的劳动力少等特点。资本密集型产业是随着科学技术的发展而发展起来的。在发达的工业化国家中，资本密集型产业所占的比重较大。它们凭借先进的技术设备和较高的劳动生产率，使产品在国际市场上具有较强的竞争能力。

16. 幼稚产业

又称"幼稚工业""幼小工业"。一国中处于发展初期、尚不十分发达，但将会继其他国家之后获得发展的新兴产业。其特点是：由于缺乏经验，缺乏训练有素的熟练劳动力以及市场不发达，且低于最适度规模，可能经不起外国的挤压；同时，又由于具备潜在的比较利益，将来可以在世界上参与竞争。发展中国家发展幼稚产业的目标是减少对外国的依赖，发展民族工业，为实现工业化打基础。幼稚产业的成长和成熟，有助于发展中国家建立起初步的工业基础，也有助于扩大幼稚产业的出口创汇，促进外贸增长和经济发展。因此，许多发展中国家都采取各种保护措施来发展幼稚产业，如政府给予低息贷款和税收优惠。世界贸易组织也承认应对发展中国家的幼稚产业采取保护措施，以促进其工业化和改善国际收支。但对幼稚产业该不该采取扶持、保护政策，经济学家有不同看法。

17. 主导产业

所谓主导产业通常是指在经济发展某一阶段，对产业结构和经济增长起着导向性和带动性作用，并具有广阔的市场前景的产业部门。主导产业与其他产业的区别在于其固有的特性，主要包括以下几点：（1）引入了创新，获得了与新技术相关联的新的生产函数；（2）具有大大超出国民经济总增长率的持续高速增长的部门增长率；（3）对其他部门乃至整个经济的增长产生重要的、广泛的影响。这三个方面是一个有机整体，缺少其中一项都不能称之为主导产业。

市场经济条件下，主导产业一般有两种生成方式：一是靠技术和资本积累由经济系统自然生成，在利益推动下，通过市场机制完成资源向该类产业的配置；二是由政府对主导产业作出抉择，通过政策手段引导资源配置。后一种方式是当代各国普遍采用的模式。

主导产业的选择基准应根据一国产业结构的发展阶段、吸收消化能力、经济效益等因素确定。首先需要考虑的是本国的国情，其次根据一些制定过产业政策的国家的经验，还可参照另外一些选择基准，如赫希曼基准、罗斯托基准、筱原基准等。

18. 支柱产业

支柱产业是一个国家在一定时期内产业体系的主要构成部分。它在产值、利税等方面都占很大比重，相对于其他产业对经济增长的贡献份额最大。支柱产业部门与主导产业部门既有联系又有区别，当主导产业的产值、利税所占比重较大时，或支柱产业具有带动其他产业发展的效应，能够促进产业结构升级时，两者就是一致的。支柱产业随国家的不同及其发展阶段的变化而异。在相同的发展阶段，不同国家的支柱产业一般是不同的；在同一个国家的不同发展阶段，其支柱产业更有显著差异。哪些产业会成为一个国家的支柱产业，一方面取决于这个国家所处的发展阶段，另一方面还取决于这个国家的具体情况，如资源禀赋、经济制度等。我国支柱产业主要有：机械电子、石油化工、汽车制造和建筑业。

19. 瓶颈产业

国民经济中发展薄弱，并对经济发展构成约束的产业部门。产业与产业之间存在着投入产出的关系，各产业部门的生产能力也是相互依存、互相衔接的，客观上要求它们之间存在一定的比例关系。即从原产品到最终产品这一生产序列中，只有保持相互适应的比例，各产业才能正常运行。如果某产业或某些产业在产业部门序列中出现了规模大小倒置（即比例不协调）、某些产业的产品供给不能满足其他产业需要的情况，就表明出现了供给瓶颈。如果这种产业的供给瓶颈长期存在，制约了其他产业的正常发展，就称之为“瓶颈产业”。瓶颈产业既可属于基础产业部门，也可属于加工工业产业部门，其基本特征是使部门间的平衡难以维持。此外，瓶颈产业的特征还在于产业的相关方面因生存能力或产品质量存在问题而构成显著短缺且无法替代，使其成为影响经济发展的关键部门。瓶颈产业是一个动态概念，即随着经济发展水平的提高，瓶颈产业的具体内容会发生相应的改变，会出现新的瓶颈产业。这就需要制定长期的产业发展规划和产业政策，尽量予以避免。

20. 自然垄断产业

早期的自然垄断概念与资源条件的集中有关，主要是指由于资源条件的分布集中而无法竞争或不适宜竞争所形成的垄断。在现代，这种情况引起的垄断已不多见。而传统意义上的自然垄断则与规模经济紧密相连，是指一个企业能以低于两个或者更多企业的成本为整个市场供给一种物品或者劳务，如果相关产量范围存在规模经济时，自然垄断就产生了。

20 世纪 80 年代，鲍莫尔、潘泽和威利格用部分可加性概念重新定义了自然垄断。如果在所有有关的产量上企业的成本都是部分可加的，该行业就是自然垄断行业。换言之，即使平均成本上升，只要单一企业生产所有产品的成本小于多个企业分别生产这些产品的成本之和，由单一企业垄断市场的社会成本依然最小，该行业就是自然垄断行业。我国的自然垄断产业主要有电力、自来水、铁路、电信行业等。

自然垄断行业产生的原因有：规模经济、范围经济、成本次可加性。自然垄断行业的特征有：资源稀缺性、规模经济效益、呈现网络经济性、资产具有沉淀性与专用性、公益性、不可选择性。

21. 产能过剩

生产能力的总和大于消费能力的总和。产能也就是生产能力，是指在计划期内，企业参与生产的全部固定资产，在既定的组织技术条件下，所能生产的产品数量，或者能够处理的原材料数量。生产能力是反映企业所拥有的加工能力的一个技术参数，与生产过程中的固定资产数量质量、组织技术条件有很大关联，因此，有种说法认为产能过剩并不意味着产品过剩是有道理的。

22. 产业区位商

区位商，也称区域规模优势指数或区域专门化率，由哈盖特（P. Hagget）首先提出并运用于区位分析中，是产业经济学、区域经济学中常用的分析区域产业分布和产业优势的指标。

具体而言，区位商是测度一个地区某一产业相对于参照地区的产业集中度的方法（参照地区通常是其所在的国家）反映本地该行业的规模水平和专业化程度。其计算公式有两种：

$$(1)\ LQ_{ij}=\frac{L_{ij}/\sum_{j=1}^{m}L_{ij}}{\sum_{i}^{n}L_{ij}/\sum_{i}^{n}\sum_{j}^{m}L_{ij}};$$

$$(2)\ LQ_{ij}=\frac{L_{ij}/\sum_{j=1}^{n}L_{ij}}{\sum_{i}^{m}L_{ij}/\sum_{i}^{n}\sum_{j}^{m}L_{ij}}。$$

式中，LQ_{ij}为地区 j 行业的区位商；

i 为第 i 个地区；

j 为第 j 个产业；

L_{ij}为第 i 个地区的第 j 个产业的产值。

（三）有关国民经济发展的概念

1. 经济增长

经济增长通常被定义为总产出的增加，具体而言是指一个国家或地区生产的产品和服务的持续增加，它意味着经济规模和生产能力的扩大。经济增长可以从两个层面来理解，既可以指实际国民经济总产出的持续增长，还可以指人均实际产出的持续增加。经济增长通常采用国内生产总值和国民生产总值等统计数据来核算。经济增长率一般是指经济总量的年度变化率，反映经济活动生产产出总量的年度变化水平。经济增长率的高低是衡量一个国家或地区总体经济实力增长的标志。经济增长是增强国家综合经济实力和提高人民群众物质文化生活水平的物质保证。因此，经济增长是国民经济管理的首要目标。在促进经济增长方面，既要防止经济发展过于缓慢甚至衰退，也要防范经济发展过热。经济增长是诸多因素共同作用的结果，但最基本的影响因素可分为两大类：一是要素投入数量的增加，包括资本积累和劳动投入的增加；二是资源利用效率的提高，包括技术进步、知识和人力资本的积累以及结构转变和经济制度的变化，等等。

2. 经济起飞

经济起飞由美国经济学家罗斯托在《经济增长的阶段》中提出的，是指经济发展由传统经济进入现代化经济的高速增长阶段，表示一个国家经济发生了决定性的变化。他指出，经济起飞阶段是社会经济发展的第一次突变，一个国家的经济要能起飞必须具备三个相互相关的条件：一是提高生产性投资率，使积累占国民收入的 10% 以上；二是建立和发展一种或者多种重要的制造业部门即主导部门；三是进行制度上的变革，迅速出现一种政治、社会和制度结构推动现代化部门的扩张。发展中国家在经济起飞中遇到的困难是人口增长率过快和国内政治震荡而引起人才、资金外流因此要采取以下措施：（1）防止早熟消费；（2）必须重视“基础结构”建设；（3）控制人口出生；（4）发展有换取外汇能力的部门；（5）推广新技术，提高劳动生产率，解决“隐蔽失业”；（6）防止人才和资金外流；（7）吸收外资，动员国内闲置资金；（8）因为缺乏一个有力量的本国私人企业家阶级，所以国家应起较大作用，在某些私人不愿投资或者无力投资的领域，由国家代行私人企业家的职能。

3. 经济发展

经济发展不仅意味着国民经济规模的扩大，更意味着经济和社会生活素质的提高。就当代经济而言，发展的含义相当丰富复杂。发展总是与发达、与工业化、与现代化、与增长之间交替使用。一般来说，经济发展包括三层含义：第一，经济量的增长，即一个国家或地区产品和劳务的增加，它构成了经济发展的物质基础；第二，经济结构的改进和优化，即一个国家或地区的技术结构、产业结构、收入分配结构、消费结构以及人口结构等经济结构的变化；第三，经济质量的改善和提高，即一个国家和地区经济效益的提高、经济稳定程度、卫生健康状况的改善、自然环境和生态平衡以及政治、文化和人的现代化进程。

4. 经济增长方式

经济增长方式是指一个国家（或地区）经济增长的实现模式，即生产要素的分配、投入、组合和使用的方式，它决定着生产力的整体效能和发展状况。经济增长方式有粗放型和集约型两种：粗放型增长方式指主要依靠生产要素数量扩张实现经济增长的方式，其主要特征是高投入、高消耗、低质量、低产出和低效益。具体表现为：在宏观上，重实物量平衡，轻价值量平衡；在生产上，重数量、速度，轻质量、效益；在投资上，重外延扩张，轻内涵深化。粗放型经济增长方式的资源消耗高，资金周转慢，损失浪费严重，经济效益低，是一种代价高昂的经济增长方式。集约型增长方式与粗放型增长方式相反，主要依靠提高生产要素有机构成和使用效率实现经济增长，即依靠技术进步、提高生产效率和资源配置效率来扩大再生产，它具有消耗低、质量高、投入少、产出多、效益好、污染少等特点。集约型经济增长方式注重经济增长中的质量和效益的提高以及产业结构的协调，这不仅有利于实现经济的持续、快速增长，而且有利于显著提高经济整体素质和效益。有三种集约型的增长方式，即劳动集约型增长方式、资本集约型增长方式、技术集约型增长方式。

5. 柯布—道格拉斯生产函数

柯布—道格拉斯生产函数以指数函数的形式描述生产过程，其形式为：

$$Q = AL^{\alpha}K^{\beta}$$

这种生产函数的特点是：

（1）参数 α，β 分别表示劳动和资本的产出弹性，$0 \leqslant \alpha \leqslant 1$，$0 \leqslant \beta \leqslant 1$。

（2）$\alpha + \beta$ 决定生产函数规模报酬的性质，当 $\alpha + \beta = 1$ 时，规模报酬不变；当 $\alpha + \beta < 1$ 时，规模报酬递减；当 $\alpha + \beta > 1$ 时，规模报酬递增。

（3）劳动和资本投入可以替代，且替代弹性等于 1。

二、国民经济核算的核心概念

1. 国民经济账户体系（SNA）

国民经济账户体系（the System of National Accounts，SNA）又称国民经济核算体系，通过交易者类别、交易类别、活动类别、统计指标和账户形式的结合，来描述表现经济运行过程和运行结果的数量关系，是中长期发展规划指标体系设计的统计核算基础。中国的国民经济账户体系由基本核算表、国民经济账户和附属表三部分构成。其中，基本表和国民经济账户是核心部分，附属表是对核心部分的补充。基本表包括国内生产总值表、投入产出表、资金流量表、国际收支表和资产负债表；国民经济账户包括经济总体账户、国内机构部门账户和国外部门账户；附属表包括自然资源实物量核算表和人口资源和人力资本实物量核算表。

2. 物质产品平衡表体系（MPS）

物质产品平衡表体系（the System of Material Product Balance，MPS）是经互会组织根据会员国的实践经验，制定的适用于计划经济国家的国民经济核算方法。在这个体系中，社会总产品和国民收入只限于物质产品，所以被称为物质产品平衡表体系。其基本依据是马克思主义的再生产理论，它根据劳动的性质，将国民经济划分为物质生产领域和非物质生产领域，而在非物质生产领域投入的社会劳动，不增加供社会支配使用的物质产品总量，所以不创造国民收入。事实上，到 1993 年 SNA 发布其最新版本时，国名经济核算已经基于 SNA 在全球范围实现了一体化，MPS 变成了一个历史名词。

3. 国内生产总值（GDP）

国内生产总值（Gross Domestic Product，GDP）是指一个国家或地区的所有常住单位在一定时期内（通常为一年）所生产的全部最终产品和劳务的市场价值总和。它是核算国民经济活动的核心指标，可用生产法、支出法和收入法来核算，通常采用后两种方法。用支出法计算的国内生产总值等于消费、投资、政府购买和净出口之和；用收入法计算的国内生产总值等于工资、利息、租金、利润、间接税和企业转移支付和折旧之和。国内生产总值有名义的和实际的之分。

4. 国民生产总值（GNP）

国民生产总值（Gross National Product，GNP）是一个国民概念，指一个国家或地区在一定时期内本国生产要素所生产的全部最终产品（包括商品和劳务）的市场价值，是一定时期内本国 GDP 与来自国外的净要素收入之和。

$$\begin{aligned}\text{GNP} &= \text{GDP} + \text{来自国外的净要素收入}\\&= \text{GDP} + (\text{本国居民从国外获得的要素收入}\\&\quad - \text{外国居民在本国获得的要素收入})\end{aligned}$$

5. 国民生产净值（NNP）、国民收入（NI）

国民生产净值（Net National Product，NNP），指某国国民所拥有的全部生产要素在一定时期（通常是一年）所生产的最终产品（物品和劳务）按市场价格计算的净值。它等于国民生产总值减去固定资产折旧后的余额。在实物形态上，它是社会总产品扣除已消耗掉的生产资料后的全部消费资料和用于扩大再生产以及增加后备的那部分生产资料；在价值形态上，它等于国民生产总值（GNP）减去资本折旧（Depreciation），公式为：NNP = GNP - 资本品折旧。由于各国和各行业对折旧的规定不尽相同，统计数学不容易准确，因此国民生产净值使用较少。

国民收入（National Income，NI）是狭义的国民收入，指一个国家或地区在一定时期内所生产的产品劳务的净产值，包括物质生产部门和非物质生产部门所生产的全部净产品价值和劳务价值。在使用价值上，国民收入是由体现新创造价值的生产资料和消费资料所构成。用公式表示为：

$$\begin{aligned}\text{NI} &= \text{GNP} - \text{资本品折旧} - \text{间接税净额}\\&= \text{NNP} - \text{间接税净额}\end{aligned}$$

6. 国内生产总值平减指数

国内生产总值平减指数（GDP Deflator），又称 GDP 缩减指数，GDP 折算指数，是没有剔除物价变动前的 GDP（现价 GDP 或名义 GDP）与剔除了物价变动后的 GDP［即不变价 GDP（constant-price GDP）或实际 GDP］之比。用当期价格计算的 GDP 称为现价 GDP 或名义 GDP，用人为规定的基期价格计算的 GDP 称为不变价 GDP 或实际 GDP。由于 GDP 平减指数在计算时包含了所有产品和服务的价格信息，因此它可以被看作为总物价水平一般性的衡量指标。

7. 绿色 GDP

绿色 GDP（可持续收入）的基本思想是由希克斯在其 1946 年的著作中提出的，是指一个国家或地区在考虑了自然资源（主要包括土地、森林、矿产、水和海洋）与环境因素（包括生态环境、自然环境、人文环境等）影响之后经济活动的最终成果，即将经济活动中所付出的资源耗减成本和环境降级成本从 GDP 中予以扣除。改革现行的国民经济核算体系，对环境资源进行核算，从现行 GDP 中扣除环境资源成本和对环境资源的保护服务费用，其计算结果可称为“绿色 GDP”。它实质上代表了国民经济增长的净正效应。

8. 生产法

生产法是从生产方面测算国内生产总值的一种方法，也称部门法或增加值法，可以用来研究和分析国内各经济部门的结构状况及其动态变化。其计算步骤是：先计算各部门的增加值，然后将所有生产部门的增加值加总即得到全社会的国内生产总值。其中，各部门的增加值的测算方法是，从一定时期国民经济各部门生产的总产品价值（总产出）中，扣减掉生产过程中消耗的中间产品价值（中间投入），所得的差值就是该时期国民经济各部门创造的增加值。计算公式如下：

$$\text{各部门增加值} = \text{各部门总产出} - \text{中间投入}$$

$$\text{国内生产总值} = \text{各部门增加值之和}$$

9. 收入法

收入法是又称分配法，是根据各种生产要素在初次分配中应得到的收入份额来计算国内生产总值的一种方法，可以用来研究和分析个人收入和社会收入之间的收入构成状况，为调节国民收入在国家、集体、个人之间的分配关系提供理论依据。国民经济各产业部门收入法增加值由劳动者报酬、生产税净额、固定资产折旧和营业盈余四个部分组成。计算公式为：

$$\text{国内生产总值} = \text{劳动者报酬} + \text{生产税净额} + \text{固定资产折旧} + \text{营业盈余}$$

10. 支出法

支出法又称使用法，是根据国内生产总值的最终用途来计算国内生产总值的一种方法，可以用来研究和分析积累和消费关系，以便确定科学积累率和合理的消费率。从最终用途看，一定时期内国内生产总值可分为总消费、总投资和净出口三部分，计算公式为：

$$\text{国内生产总值} = \text{总消费} + \text{总投资} + \text{净出口}$$

11. 价格水平

价格水平是将一定地区、一定时期某一项商品或服务项目的所有价格用同度量因素（以货币表现的交换价值）加权计算出来的，反映一定地区、一定时期所有这种商品或服务项目综合的平均价格指标。衡量价格水平的变动状况采用的最主要的是价格指数，主要的价格指数包括消费价格指数（CPI）、生产者价格指数（PPI）和国内生产总值缩减指数（GDP deflator index）三种。

12. 消费者价格指数

消费者价格指数即消费物价指数（Consumer Price Index，CPI）指的是衡量所选定的一篮子消费品购买价格的指数，主要反映消费者支付商品和劳务的价格变化情况，以百分比为表达式。计算公式为：

$$\mathrm{CPI}=\frac{\text{一组固定消费品按当期价格计算得到的总价格}}{\text{一组固定消费品按基期价格计算得到的总价格}}\times 100\%$$

它是进行经济分析和决策、价格总水平监测和调控及国民经济核算的重要指标。其变动率在一定程度上反映了通货膨胀或紧缩的程度。一般来讲，物价全面地、持续地上涨就被认为发生了通货膨胀。

13. 生产者价格指数

生产者价格指数（Producer Price Index，PPI）是衡量工业企业产品出厂价格变动趋势和变动程度的指数，是反映某一时期生产领域价格变动情况的重要经济指标，也是制定有关经济政策和国民经济核算的重要依据。生产者物价指数与 CPI 不同，主要的目的是衡量企业购买的一篮子物品和劳务的总费用。由于企业最终要把它们的费用以更高的消费价格的形式转移给消费者，所以，通常认为生产物价指数的变动对预测消费物价指数的变动是有用的。其计算公式为：

$$\mathrm{PPI}=\frac{\text{一组固定生产投入品按当期价格计算得到的总价格}}{\text{一组固定生产投入品按基期价格计算得到的总价格}}\times 100\%$$

14. 通胀率

通货膨胀率（Inflation Rate），简称“通胀率”，被定义为从一个时期到另一个时期价格水平变动的百分比。用公式表示就是：

$$\pi_t=\frac{P_t-P_{t-1}}{P_{t-1}}$$

π_t 为时期的通货膨胀率，P_t 和 P_{t-1} 分别为 t 时期和 t－1 时期的价格水平。具体来说，衡量通货膨胀率的变化主要有生产者价格指数（PPI）、消费者价格指数（CPI）和国内生产总值平减指数三个指标。

15. 全要素生产率

全要素生产率是指“生产活动在一定时间内的效率”。是衡量单位总投入的总产量的生产率指标。即总产量与全部要素投入量之比。全要素生产率的增长率常常被视为科技进步的指标。全要素生产率的来源包括技术进步、组织创新、专业化和生产创新等。产出增长率超出要素投入增长率的部分为全要素生产率（TFP，也称总和要素生产率）增长率。

我和国民经济学专业[①]

江 勇

摘 要：国民经济学专业先后使用了国民经济计划、国民经济管理、国民经济学等名称。本文按时间先后，阐述了本校该专业从新中国成立初期，尤其是改革开放以来的发展成就。在20世纪80年代，中南财经政法大学的国民经济学专业利用电化教学手段（电视直播和录像授课），适应了校内外各专业、多层次、大量的教学需要，并被指定为中央广播电视大学国民经济计划课程的主讲教学单位。90年代，专业更名为国民经济管理，笔者被聘担任全国高等教育自学考试指导委员会《宏观经济管理》课程命题组组长，先后主编出版了《宏观经济管理》《宏观经济管理学》教材，受邀参加了国家计委、中国人民大学等邀约的学术研究。进入21世纪，中南财经政法大学的国民经济管理专业调整到经济学院，组建新的国民经济学系，国民经济学被批准为省级重点学科。近年来的学科办学重点在于高层次的研究生教育，力求培养出更多适应社会主义市场经济需要的高端国民经济管理专门人才。

关键词：国民经济学 专业建设 人才培养 发展成就

一、中南财经政法大学的国民经济学专业创建于20世纪50年代初

国民经济学专业从其办学先后和办学的不同层次看，使用了国民经济计划、国民经济管理、国民经济学等名称。21世纪初中国财政经济出版社出版，由赵凌云主编的《中南财经政法大学学科学术发展史》中，笔者承担了其中《国民经济管理学》学科史的撰稿。通过查阅资料和对老专家学者的访问获知，我国早期的国民经济学专业名称为国民经济计划，它诞生于1950年3月的中国人民大学。中南财经政法大学国民经济计划专业于1953年8月建立。从20世纪50~60年代初，全国高校中也只有中国人民大学和中南财经政法大学招收和培养国民经济计划专业学生。中南财经政法大学的国民经济计划专业教师，既要办好本专业，也要承担学校经济管理类各专业的国民经济计划学课程的授课任务。与此同时，本专业教师陈立国、叶景哲、关

---

① 作者简介：江勇（1950~），湖北武汉人，中南财经政法大学经济学院教授，主要研究领域为国民经济学。电子邮箱：3360806738@qq.com。

其学等，还在《经济研究》等刊物上发表关于国民经济综合平衡，社会主义经济发展中的速度与比例等方面的论文，在学术界产生了一定的影响，受到有关方面的重视。他们被邀请参加了国家计委和国家科委联合下达的国家重点课题“长江三峡投资经济效益研究”和“长江三峡水利枢纽工程”的经济论证工作。这段时间，本专业教师为计划及有关部门人才培养作出了突出贡献，积极开展学术研究和完成国家重点课题，产生了较大的社会影响，为本专业发展打下了良好的基础。

二、1973～1992 年，笔者学习和工作的国民经济计划专业

因“文化大革命”的影响，1966 年起全国高校普遍停止办学。中南财经政法大学从 1972 年开始招生，国民经济计划专业是学校在“文革”期间恢复招生的少数几个专业之一。笔者荣幸地被学校招收录入“文革”期间唯一的国民经济计划 1973 年级，1976 年留校任教。国家恢复高考后的 1979～1981 年，笔者在学校统一安排的青年教师脱产进修班学习两年，接着又先后到上海交大、北京大学、中国人民大学进一步选修听课和跟班学习，为后来从事教学工作打下了必要的基础。

进入 20 世纪 80 年代，中南财经政法大学国民经济计划专业的办学规模明显扩大，办学层次、办学质量得到提高，主要表现在以下方面：

（1）1981 年，国民经济计划教研室被省教委授予文教系统先进教研室。

（2）1982 年，国家计委投资 80 万元，委托中南财经政法大学国民经济计划专业开办全国计划系统干部专修科。从 1982～1988 年招收了 7 届学生，直到湖北计划学院成立时为止。

（3）1983 年，中南财经政法大学国民经济计划专业被国务院批准为全国首批硕士研究生的招生点之一。

（4）1984 年，中南财经政法大学国民经济计划专业被指定为中央广播电视大学国民经济计划学和国民经济综合平衡两门课程的主讲教学单位。这两门课程的教材编写和录播授课都由中南财经政法大学国民经济计划专业教师承担，承担该任务的 9 位教师是：汪廷忠、叶景哲、陈远敦、孙永德、谢伯龄、王锐、张怀富、刘昌平、江勇。

（5）师资队伍扩大，到了 20 世纪 80 年代中期，从事国民经济计划专业的教师已达 30 人之多。1985 年，原国民经济计划教研室一分为二，成立了计划原理和计划方法两个教研室。

尽管当时师资人数已经增加不少，但由于年龄、职称等结构不尽合理，相对于校内和校外、计划专业和非计划专业、本科生和研究生等多层次、大量的教学任务而言，师资力量仍显不足。为此，国民经济计划专业采取了电化教学手段，利用电视直播和录像授课。直播授课时，笔者一个学期给一个

课堂多班开展电视直播授课，学生人数至少在 300 人以上，最多的一次性、一个学期听课学生 12 个班 500 多人。录像授课则效率更高，涉及本校函授和全国财政系统自学考试等教学领域，缓解了师资力量不足的压力，取得了良好的效果。为此，笔者撰文《开展电视教学的几点体会》，分别发表和收入《高等财经教育》杂志和湖北高校《电化教学文集》，并于 1989 年获校优秀教学成果二等奖。

为适应国民经济计划专业和非计划专业教学及社会办学的需要，在汪廷忠、陈远敦等老教授带领下，国民经济计划专业教师公开出版了多本教材。

三、20 世纪 90 年代，进行了适应改革需要的专业改造，1992 年本科专业更名为国民经济管理

进入 20 世纪 90 年代，中南财经政法大学国民经济计划专业迎来了新的发展机遇和挑战。

1990 年，笔者首次参加全国高校计划学研究会（中国宏观经济管理教育学会的前身）四年一次的代表大会。在江西九江召开的第三届代表大会上，笔者被推选为研究会常务理事兼副秘书长，撰写的论文《论计划经济与市场调节相结合》（发表于《贵州财经学院学报》1990 年第 1 期），被评选为研究会十篇优秀论文之一。这次参会，为笔者后来广泛参与全国本学科的教学和科研活动，创造了有利条件。

进入 20 世纪 90 年代，也是我国市场化改革逐步深入以及市场经济体制建立的开端，国家通过计划手段调控经济的力度趋弱，因此，国民经济计划专业在财经学科中的地位逐渐下降，面临着必须通过改革才能发展的新形势。从 90 年代初开始，中南财经政法大学的国民经济计划专业，通过对学科定位、课程体系、教材建设等进行全方位的调整、改革与创新，适应了社会主义市场经济条件下培养宏观经济管理人才的需要。

国民经济计划专业在中国社会主义市场经济体制确立以后的 1992 年正式更名为国民经济管理专业。1993 年，国民经济计划原理教研室又一分为二，成立了国民经济管理和劳动经济两个教研室，笔者被任命为国民经济管理教研室主任。

国民经济管理教研室成立以后，通过改革与创新，积极参与全国范围的学习、交流与合作，为新形势下的学科建设与发展创造了良好的条件。这期间影响较大的活动或事件有：

（1）1993 年 4 月，笔者参加了全国高校计划学研究会在河南郑州召开的“计划学革新与发展”为主题的常务理事会，所提交的论文《计划学面临危机的原因分析》（会后发表于《中央财经大学学报》1993 年第 6 期），受到与会者重视，当即由学会名誉会长、前中国人民大学李震中副校长点名要

笔者在会议上发言，随后学会副会长、著名计划学专家雷起荃教授（西南财经大学）提意笔者牵头组织高校中青年教师出版一本适合新时代宏观经济管理教学需要的教科书。

（2）1994 年 6 月，笔者担任主编、全国五校中青年骨干教师合编，由东北财经大学出版社出版了《宏观经济管理》教材，获中国宏观经济管理教育学会优秀科研成果一等奖。

（3）1994 年 6 月，笔者的论文《计划学革新的几点思考》，收入魏礼群主编的《社会主义市场经济与计划模式改革》文集，由中国计划出版社出版。此后，笔者撰写的计划学系列论文《试论建立社会主义市场经济体制》《市场经济条件下计划与市场的结合》《现代市场经济下计划的作用》《社会主义市场经济下国家计划的功能》《建立社会主义市场经济的新型计划》等，先后发表和转载于《贵州财经学院学报》《中南财经大学学报》《计划与市场》《统计与决策》《人大复印资料》等。

（4）1995 年 1 月，笔者应邀出席了在哈尔滨召开的中国改革与发展战略第二次理论研讨会，提交的论文《我国区域经济发展战略思考》，荣获优秀论文一等奖。会后该论文发表于《中南财经大学学报》1995 年第 3 期，其简缩版《区域经济发展宜各有侧重》，发表在 1995 年 3 月 7 日的《光明日报》理论版，并由《人大复印资料》F107 1995 年第 2 期转载。

（5）1995 年 5 月，由笔者牵头筹备，国民经济管理教研室负责为主筹办，联合武汉大学、湖北计划学院组织的首届中国宏观经济管理教育学会在中南财经政法大学召开，受到了时任校长汪行远教授、副校长王寿安教授的高度重视，他们亲临大会，为会议致词。会议的成功召开，有效地扩大了中南财经政法大学本专业在国内同类学科中的影响。会后，笔者撰写的综述《关于宏观调控的理论探讨》，发表于 1995 年 6 月 28 日的《光明日报》理论版。

（6）1995 年 6 月，受教育部全国高等教育自学考试指导委员会聘请，笔者参加全国《宏观经济管理学》课程统一命题，任命题组组长。

（7）1996 年 7 月，笔者被国家教育部全国高等教育自学考试指导委员会聘请为专家组成员，赴广东广西两省检查了成人教育工作。

（8）1996 年 7 月，武汉大学出版社出版了由笔者主编的《宏观经济管理学》，后于 2002 年出第二版，2011 年出第三版，多次印刷，供全国高等教育自学考试和众多高校教学使用。

（9）1996 年 11 月，笔者被评为《中南财经大学学报》复刊 100 期优秀作者。

（10）1996 ~ 1997 年，笔者被国家计划委员会邀请参加了国家计委政策研究室主持的国家社科基金课题研究。课题完成，1999 年 11 月由中国计划出版社出版专著《发展计划学》。

（11）1999 年 3 月，笔者应邀参加教育部《国民经济管理专业课程结构及主要教学内容改革》课题研讨，并被聘担任高等学校国民经济管理专业主干课程教材编委会成员。

（12）1999 年 6 月，笔者应中国人民大学邀约参写的《国家发展计划概论》，由中国人民大学出版社出版。

（13）1999 年 10 月，笔者应中国人民大学邀约参著的《解剖中国经济》，由中国经济出版社出版。

（14）1999 年 12 月，《国民经济管理》被确定为全校 50 门重点课程之一，笔者被聘任为该课程的首席教师。

也正是这段时间，笔者在国家权威期刊《管理世界》《统计研究》《宏观经济研究》《光明日报》理论版等报刊杂志上发表了一些关于国民经济管理的学术论文，并获得国家统计局、中国宏观经济管理教育学会、湖北省社科联、湖北省统计局等颁优秀科研成果奖。

上述学术活动和科学研究取得的成果，为笔者组织和参与新形势下中南财经政法大学国民经济管理专业的教学工作起到了很好的作用。

四、2000 年，国民经济管理专业调整到经济学院，组建新的国民经济学系

以上介绍的中南财经政法大学国民经济管理专业发展状况，多为笔者个人受邀参加与专业相关的校内外学术活动，而校内办学因受体制转轨影响，曾一度出现过发展不利的状况。

在 20 世纪末的最后几年，中南财经政法大学的国民经济管理专业曾经走过艰难的历程。当时从全国总体来说，办学形势不妙，专业发展明显不景气，有的学校出现停招状况。我们学校本专业的大部分师资力量创新开办了人力资源和社会保障新专业，国民经济管理专业只有少数几位教师和我一起隔年招生，维持办学。1997 年，国家教育部调整公布的本科招生目录中取消了国民经济管理专业，因此，出现了全国性的办学危机，面临的是专业停招，中南财经政法大学的国民经济管理专业也打算在 1998 级（目录外招生）之后停招。

1998 年，笔者向学校领导反映情况并获得支持。通过学校向上级报告了恢复中南财经政法大学国民经济管理专业继续招生的充分理由。1999 年初，中南财经政法大学被国家教育部批准为全国 7 所可以招收国民经济管理专业本科生的高校之一，并于 2000 年由目录外招生改为目录内招生。

2000 年，国民经济管理专业受到学校的重视，调整到经济学院，组建新的国民经济学系，由笔者任系主任，并兼任研究生导师组组长。2001 年，笔者参加教育部组织的全国统编系列教材也由高等教育出版社出版，适应了新

办国民经济管理专业的教学需要。

2000 年学校进行的这次局部学科调整，也使原工商学院的国民经济管理系教师一分为三，其原有的国民经济计划与管理硕士点可分别继续在经济学院和公共管理学院招收培养硕士研究生。进入 21 世纪以后，随着学科进一步调整优化，国民经济学口径扩大，在中南财经政法大学包括了金融学院的投资经济方向。办学资源整合后，中南财经政法大学国民经济学专业办学层次就形成了本科、硕士、博士完整的招生培养体系。2001 年，由校学科建设办公室召集组织部分专业申报湖北省重点学科。国民经济学由金融学院和经济学院合作完成申报材料，聂名华教授和我分别撰稿，提供材料，合并上报，国民经济学被批准为省级重点学科。

2004 年，笔者赴北京参加了中国宏观经济管理教育学会第四次代表大会。会上，笔者介绍了中南财经政法大学国民经济学专业的办学情况，学会领导和高校同仁们对中南财经政法大学三院同办、本硕博齐全、有特色的办学方式表示赞许。在换届选举中，笔者被推选担任学会副会长，2008 年连任。

历史回顾表明，多年来中南财经政法大学国民经济学专业总体发展状况良好，一直在全国处于领先地位。近年来专业办学的重点在于高层次的研究生教育，有利于培养出更多适应社会主义市场经济需要的高端、优秀的国民经济管理专门人才。从全国来看，近些年国民经济学专业呈现出了蓬勃发展的态势。

当今，人们越来越清楚地认识到，社会主义市场经济，是在国家宏观调控指导下的市场经济。市场经济需要宏观调控，因而也需要更好地培养出适应时代要求的知识广博、视野开阔的综合型、战略型国民经济管理人才。2019 年暑期，笔者出席了中国宏观经济管理教育学会常务理事会议暨国民经济 50 人论坛，获知近年来我国高校国民经济学专业发展的新形势。教育部对国民经济管理专业本科的全国布点，已由原 7 所（中国人民大学、辽宁大学、中央财经大学、四川大学、中南财经政法大学、江西财经大学、山西财经大学）新添浙江财经大学和安徽财经大学，增加到 9 所。国民经济学研究生教育近 10 年发展很快，招生院校已遍布全国各省、市、自治区。硕士研究生招生高校由 70 多所增加到 100 余所；博士研究生招生高校由 20 余所增加到 30 余所。国民经济学专业的办学呈现出多层次、分布广、兴旺发达的状态，较好地适应了我国社会主义市场经济发展对国民经济学人才培养的需要。

参考文献

[1] 赵凌云主编：《中南财经政法大学学科学术发展史》，中国财政经济出版社 2003 年版。

[2] 杨蕾、王慧、焦想顺：《勤奋、敬业、奉献　江教授的成功之道一记“师德标兵”

江勇教授》，载《中南财经政法大学周报》2009 年 12 月 21 日。
[3] 金涌：《传道授业　脚步不歇——记经济学院退休教授江勇》，载《老教授文汇》2018 年第 1 期。
[4] 大学专业排名，全国国民经济管理专业大学排名．高考升学网 GAOKAOHELP. COM，2021. 4. 11.

National Economics and Me

Yong Jiang

Abstract: The major of National Economics used to be named as National Economic Plan, National Economic Management, National Economics and so on. This article expounds the development achievements of this major in Zhongnan University of Economics and Law (ZUEL) since the founding of the people's Republic of China, especially since the reform and opening up. In the 1980s, ZUEL provided remote multi-level National Economics classes for the people with various majors and different background through live TV and video teaching in China and abroad, and the course was designated as the main teaching unit of national economic planning course of CCTV University. In the 1990s, the major of National Economics was renamed as National Economic Management. I was hired as the leader of the course "macro-economic management" by the national self-study examination Steering Committee of higher education. I successively edited and published textbooks of "macroeconomic management" and "macro-economics management", and was invited to participate in the academic research by the National Planning Commission and Renmin University of China. In the 21st century, the major of National Economic Management at ZUEL has been merged to the the school of economics. A new Department of national economics has been established and National economics has been approved as a provincial key discipline. In recent years, the key point of running a subject is high-level graduate education, and strive to cultivate more high-end national economic management professionals to meet the needs of socialist market economy.

Keywords: National Economics; Major Construction; Personnel Training; Achievements in the Development